世界就是我们本身

所有问题的真相最后都会归结到自己

世界在你心中

[印度] 克里希那穆提 J. KRISHNAMURTI 著 胡因梦 译

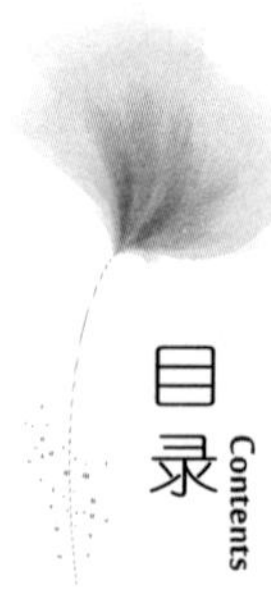

目录 Contents

导读一 “我找到了！”

胡因梦

就在我打消所有他力救济的意图时，某天我逛完纽约的 Bloomingdales 百货公司，正在路上散步，抬头看见前面有间小型的书局，是我一直想探个究竟的探索书屋（Quest Bookstore），我怀着兴奋的心情推门而入。这间书屋也是著名的通神学会办公室所在地。我漫无目的地浏览着书架上各式各样的宗教、哲学与玄学著作。当时我没有戴眼镜，远距离的东西是看不清楚的，可我被远方书架上的一张照片莫名地吸引着。我眯着眼睛走上前去，发现那张照片上的人物是一个看似女孩的印度男孩，书名是《克里希那穆提：觉醒的岁月》（*Krishnamurti：The years of Awakening*）。此人是谁我那时一无所知，看见那个旋转书架上全是他的著作，显然是位有分量的人物。书架上的每一本书都是以他的照

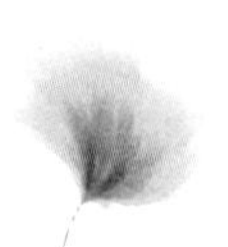

片做封面，他的脸从年少到老迈变化大得惊人，好像每个阶段的他都不是同一个人，尤其突出的是普普尔·贾亚卡尔（Pupul Jayakar）所写的《克里希那穆提传》的封面照片。那张照片上的他应该是五十多岁左右，我觉得那是我见过的最俊美的一张脸——这张脸似乎不容许一丝一毫的含糊与妥协，透彻的眼神像是在遥望着另一个世界，通常这样的眼神里总带点梦幻成分，他的遥望却是警醒的、了知的。我只能说我被那张脸迷住了，旋转架上的书我全买了下来，回到 SOHO 的家中开始一本本地阅读。克里希那穆提的书中没有任何媚俗的废话，句句正中核心，一针见血地点穿了人类的自欺与无明，他的洞见已经探照到人类意识的底层。如同世上无数受到他话语感召的人一样，我知道五十三参的旅程已经到了尽头。我找到了！

（摘自《生命的不可思议：胡因梦自传》）

导读二　一次改变人生的相逢

2006年夏，胡因梦开始了她首次大陆心灵之旅。此前，内地对她的了解甚少，大多数人对她的印象只是“台湾著名电影演员”“李敖前妻”。而这一次，人们惊讶地发现，她还有别的身份：作家、译者、身心灵课程引领讲师。人们好奇的是，这一转变是如何发生的呢？胡因梦在她的自传《生命的不可思议》和数次演讲里做了回答。在这些演讲里，你随时会遇到一个名字：克里希那穆提，一位20世纪卓越的灵性导师——胡因梦的人生因为与他的相遇而有了根本改变。

下面的答问系根据2006年8月24日胡因梦在北京媒体见面会的现场录音整理，未经本人审阅，现收录本书，仅为方便读者参考。

问：因为特别关注琼瑶的片子，我知道您早期演了

很多部电影。从您出生到从事演艺事业，到现在从事翻译写作，您觉得生活当中有没有什么影响特别大的事件？或者是您生活当中的一个转折点，让您跟以前不太一样了？

胡因梦：其实最大的转折点就是跟李敖的婚姻，他真是我生命中最重要的人。二十六七岁时跟李敖结婚，这场婚姻给我带来的东西非常强烈。他带给我的学习就是让我从一个愤世嫉俗的人开始有了内省。一个人可以对外在世界充满不满，这个不满有叛逆的智慧，但是这个叛逆的智慧没有办法理解人性的深处，所以那个不满的部分还是需要一个深化的过程。李敖先生带给我这个机会，我跟他的整个婚姻让我从愤世嫉俗慢慢地转向自省。同时从过度崇拜有才华的人、对人类社会有影响的人，也转为内在，作为一个女性找到自己内在的创造力，我不再崇拜外在的人，而是能够充分活出自己，这也是他带给我的反省。从愤世嫉俗到有一个机会了解“我”到底是怎么回事，所以从二十六七岁开始就是一个漫长的了解自己的过程。

问：我没看过您的书，但您作为一个著名的演员，转变为一个专业的作家，这个转变是成功的，所以我非常钦佩您。我的问题是，您在台湾那么有名的情况下做那么大的转变，原因是什么，您能解释一下吗？

胡因梦：事实上这是我心里早就关注的焦点。我在中学时代，很小的时候就在怀疑、探索生命的意义到底是什么。很早，我就试图从超个人心理学、玄学、形而上学等很多方面来探索这个问题。我在演戏的过程里——拍戏这个过程就是一个工作，我每天顶着脑袋演戏，在打光的过程里等待的时间都很长，有的时候要等两个小时，等灯光师把光弄好。这个过程里我手上永远有一本书，而且我的书不是哲学就是心理学，要不然就是玄学，在等打光的时间里阅读这些书，变成我演艺工作里最重要的一个自我安慰的活动。所以我在看我自己，那时候事实上已经有一个很明显的倾向，就是要往内在世界探索。所以演艺的工作到了一个瓶颈，到了一个阶段，在跟李敖结婚之前，其实我的心已经开始对这个工作有很大的一种失落感，我觉得虽然收入非常的丰厚，那时候——二三十年前，拍一部电影差不多有 80 万到 100 万台币的丰厚收入，可是我一点都不快乐。

我跟李敖短暂的婚姻结束之后，由于一些因缘的刺激，我发现我真的必须放下这个工作，另外找寻符合我内心召唤的一条路。后来我想是向内在世界探索的路，所以就往心理学，还有超个人心理学、心灵学这个方面发展，大概是这样一个发展过程。

问：具体是怎样一个探索过程?

胡因梦： 33 岁的时候我停下外在的活动，开始向内探索。第一步进入到所谓的精神世界，想要寻求心灵上的一些解答。走了很长一段路，是在传统的宗教领域里找解答，但是找了以后觉得这个诠释语言太古老了，跟

我们现代人的生活之间有太大的隔阂，我又不想落到宗教信仰的形式中，而是想掌握真正的佛道精髓。在这种情况下，我读了一本被翻译成英文的《老子道德经》。由于这个契机我明白也许可以从西方翻译的东方思想里，找到佛道思想中最深的一种见解。

我那时候有一段时间住在纽约，在 19 岁、20 岁时我也在纽约住过一两年，所以对那边的画家和艺坛都非常熟悉。当 33 岁又在纽约时，我发现心灵的追随和身心灵的治疗已经是西方社会的主流现象，也就是说有很多人对物化的追求，就是金钱的累积和物质的享受，感觉也不过如此。这种享受跟金钱的累积并不能解决人类存在的根本焦虑，也不能解决人类内心的痛苦，更不能带给人类更高层的意识，或者人和人更和谐相处的可能性。所以很多人开始往内探索，也就是一个所谓自我的觉醒。

这个运动当然是在您提到的六七十年代，那时候很多西方年轻人向往东方的解脱思想，在东方找寻答案。但是差不多有很漫长的一段时间，有 10 年左右，在这段时间中那种追寻是一种文化，一种流行文化，还没有真正地深入到人的内在意识的底层。但是经过漫长的 30 年的发展，等到我再去纽约的那段时间，开始有非常多的治疗方法发展出来了。比如现在台湾社会有很多的催眠术，甚至有很多前世追溯，还有很多人通过瑜伽，通过各种的身心锻炼方法找到自己，同时也有人进入到佛教系统去找寻答案。

在纽约时，一直在书海里漫游。纽约的 42 街，有一家小小的书店，很长，窄窄的，尾端有一个书架，满满的都是同一个人的书，我连照片都没看清楚，但感觉有一种力量的吸引，就从书架上拿起一本书翻开，看到一行英文，意思就是“观察者就是被观之物”，这在佛家里是一个不二的真理，也是当时我在佛法里一直探索的一句话。后来，我了解到这些书的作者叫克里希那穆提，我把他所有的书都买了下来，回到我在纽约的小小住所，就在那个住所开始翻译这本传记（《克里希那穆提传》)。

看这本传记的时候感动得不得了，每一句话都打动我的内心，我一边读一边流泪。我发现他把人类整个的存在问题，包括我们今天所面临的环境问题、生态问题、人类心灵困境、人际互动的困难，以及宗教体系带来人类的战争问题……几乎每一个人性所造成的问题都揭示得极其透彻，每一个环节都环环相扣，用一个逻辑，让我们一层一层看到这个问题的所在。最后剥光了以后，你的心跟他进入一个解脱境界，我觉得那个境界太美妙了，我似乎在漫长的 30 多年人生里还没有尝到那么开放的一种感觉，因此决定将这些书带回台湾，慢慢翻译，尤其是这本传记。

我就开始翻译克里希那穆提的书，翻译的过程也是自我洗涤的过程，同时每翻译出一本就可以跟读者分

享，就这样进行了差不多20年的时间。开始翻译时一个字四毛钱台币，等于做义工。将这样的思想引介过来，回馈社会，做跟我过去做的演艺工作截然不同的事情。

在近20年的人生里，经历了非常多内在的变化，也经历了很多外在的变化，也跟很多朋友有很多的沟通和交流。后来我慢慢进入到专门的身心灵咨询工作，办了很多的工作坊、读书会，也观察到自己各种各样奇奇怪怪的身心问题。因为我是一个特殊敏感体质的人，有非常多经络系统的经验，还有因敏感而产生问题的经验。久病成良医，后来这变成我可以帮助别人的一个很好的基础。在跟这些朋友的互动里，我可以更深入地了解人的问题是什么。我们也逐渐发现，每一个个体，如果不解决自己的问题，这个世界是不会有改善的。

问：翻译的时候一定很难？

胡因梦：我不知道为什么，有一些人的书你要花很长的时间，或者要探索很多其他的相关书籍去翻译，但是克氏的书我看了他的一句话，我的手就会很顺地翻了，事实上我的脑子不需要太懂，就是那种相应的程度，很惊人。

问：是当时你脑海里的一些思绪，被他的作品所引领，达到同一个频率上的振动，可以这么理解吗？

胡因梦：我觉得不是被引领，而是相应，就是我的生命经验与我对自己的观察，跟他所提出来的见解、视野是完全符合的，里面几乎没有缝隙。

问：这样贴合?

胡因梦：贴合，完全贴合。

问：我想，您翻译克氏的书的时候，一定会或多或少带有个人的体悟在里面，会不会在一定程度上走偏，偏离了克氏的精髓?

胡因梦：这是一个很专业的问题，翻译真的很难。一个好的翻译一定不能直译，一个短句你可以翻得很好，已经把意思都传达出来了，但是你若精确按照英文直译，那个逻辑太精密了，全部翻出来就变得词不达意了。

克氏的好处是不咬文嚼字，只要你对他讲的内在系统，有自己的觉知，能很容易掌握，而且中英文都能够理解就能翻译。在翻译他的东西的时候，还有一个心灵相应的部分，有一个节奏感。我认为翻译最重要的是韵律，这个韵律能捕捉到。克氏的质地是很平常心的质地，不会卖弄文字，所以在翻译的时候不能用太多的成语，要很平常，这个平常中带有不凡的味道，其实中间是有很多条件的。到现在克氏作品有很多人翻译，我还是觉得自己是译得最好的，其中有一个原因，我每一本翻译都要修改起码十遍以上，我在文字上有洁癖，就修改到不能再改了。而且因为我不是专业的翻译，所以我可以这么投入，可以不计较成本。

译者序

胡因梦

本书记录的是上世纪70年代克氏在美国几所大学演讲的内容。从今日的角度来看，这些教诲仍然清晰而精准地反映出人类正在面临的时弊，事实上，人类与数十年前并无二致，国与国之间的仇杀、温室效应带来的燃眉危机、宗教信仰引起的派系对立、穷富不均以及种种身心失衡现象，在在都显示克氏所指出的“内在革命”或许才是世上“唯一”能生效的革命。

然而若想促成这场变革，就必须从根本上找出世界的乱源，借由克氏的洞见我们会发现一切问题皆出自“观与被观”、“分析者与被分析的对象”之间的二元对立。换句话说，我们每个人既是主观的观察者与分析者，同时也是被自己观察及分析的对象。基于“原始无明”，我们与生俱来就带着一种牢不可破的自我实存感，加上后天教育灌输进来的社会规范、意识形态与伦

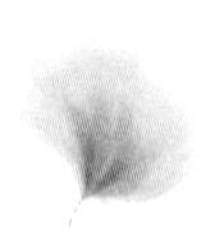

理道德，这个自我便发展出了一种神经质式的自我监督倾向，继而衍生出分别意识所造成的对错、是非等等的概念，于是罪恶感、理想主义、伪善、恐惧、掩饰、逃避等等的心理问题便逐渐形成。由于不敢也不知该如何面对这些错综复杂的内在问题，于是人们不由自主地将其投射于外，继而演变成对他人的愤怒、敌对与不满，整个世界的暴力问题就这样像滚雪球一般变得越来越严重，越来越离谱。

然而要解除这个根本幻象，是不能完全依赖专家学者、大师或圣人的，因为任何一种形式的“权威”都可能遮蔽住我们内心的觉知之光。只有靠自己探究到暴力底端的恐惧与生存焦虑，才可能借着亲身的体悟来转化这些根深蒂固的情绪模式。这“探究”二字，在克氏的观点里并不是一种头脑的分析活动，而是一种“证”或“觉”的过程。在这个环节，选择世俗生活形式的人似乎很难有明确的体认，因为外物总是不断地迫使我们去面对，几乎没有足够的能量去觉知内在发生了什么，因此大部分的人只能在工作及家务之余抽空进行一些仪式化的灵修活动，以平衡日常的外求活动所造成的虚耗。但是一个对世界对自己的生命真正认真的人，不可能满足于这种自我安慰式的灵修方式，他势必会产生深切的责任感与急迫感，一股无法抑制的热情——Passion这个字也有基督受难的意思——会驱迫着他深入地探究人类的苦难。

这种探究的方式绝不是肤浅的静坐或冥想，而是一种永不止息的对内在意识流活动的见证过程。只有时时刻刻对心念、情绪及各种感受保持觉知，才可能认清自己所设定的外在问题原来全是内在问题的投射，而这便是本书的英文版书名“You are the World”的真谛。克氏之所以不提出任何一种刻意修炼的方法，乃是因为方法往往会阻碍我们见证当下的内外真相。其实只要把所有预设的观念及概念放掉，以一颗无成见的心去跟克氏的洞见相应，我们就可能在阅读此书的过程里愈来愈清楚地意识到身心脱落、空寂当前的境界。因此我们可以说克氏采用的方式是一种“理入禅”的解脱途径，只要我们一直把心门敞开，便能随着他在人人本具的探究之光与质疑的慧见之下，瞥见那毫无阻碍或执着的空性，而这空性就是人类苦难的解药。

你的心灵自由吗？
——在布兰迪斯大学的演讲

一个人要不是真的自由了，就是仍然不自由。……思想不可能是自由的。思想乃是记忆、知识及经验的产物，它永远是历史的成果，而且不可能带来自由，因为自由只有在活生生的当下、在日常生活里才会出现。

一、认清自己与世界的真相

旅行时你会察觉到，世界各地的人的问题虽然看似不同，实则无太大的差异。四处都有暴力问题，也有自由与否的问题，以及该如何让人与人的关系变得更真实更美好一些，这样人们才能活得安宁、有修养，不至于经常和自己或邻人产生冲突。除此之外，整个亚洲到处都可以看见贫穷、饥饿以及彻底的绝望。美国与西欧面临的却是经济繁荣带来的问题，经济繁荣但缺乏素朴精

神，暴力就会随之而起。目前西方社会充斥着各种形式的奢华享受，已经到达彻底腐败和不道德的程度了。

此外还有组织化的宗教——世界各地的人多多少少都在排斥它——所造成的问题，以及什么是宗教精神、什么是冥想等等——这些都不是亚洲独有的问题。然而讲者本身并不代表任何思想体系——印度的或其他区域的，因为讲者并不是专家学者，只要我们能共同探索这些问题，或许就能建立起正确的交流与沟通。不过切记语言并非事物本身，无论我们阐述得多么仔细，多么错综复杂，多么合理，仍然不是事物本身。

由印度教、回教、基督教等所造成的思想分裂，已经为世界带来无法估量的伤害，而且制造了这么多的仇恨与对立。一切宗教或政治上的意识形态都是愚蠢的，因为这些都只不过是观念罢了，但不幸却造成了人类的分裂。

这些意识形态带来了诸多的战争，虽然人们在宗教信仰上还算是有某种程度的宽容性，可是一旦超越了某个界线，接下来的就是毁灭、偏狭、残忍与暴力——宗教战争。意识形态也同样带来了国家、民族的分裂，譬如黑人的国家主义以及各部落之间的战役。

思想与自由

我们人类真有可能和平地、自由地、正直地共处于世上吗？自由绝对是必要的，但不是为所欲为式的自由，因为个人永远是受到制约的，不论他住在印度或其他任何一个国家都一样，他永远都受到他的社会、文化以及他整个思想结构的制约。那么，人有没有可能从这些制约中彻底解脱出来，不只是意识形态或观念上的解脱，也包括心理上的、内在的自由？否则我根本看不到民主的可能性，也看不到展现正确行为的可能性。甚至连“正确行为”这样的说法都遭到了藐视，不过我还是希望我们能运用这些词汇而不至于造成讥讽的效果。

自由不是一种概念，有关自由的哲学并不是自由本身。一个人如果不是真的自由了，就是依旧不自由。身处牢狱中的人，不论这牢狱点缀得多美，仍然是不自由的。自由并不是一种陷入思维中的状态。思想不可能是自由的。思想乃是记忆、知识及经验的产物，它永远是历史的成果，而且不可能带来自由，因为自由只有在活生生的当下、在日常生活里才会出现。自由不是从某个东西之中解脱出来。从某个东西之中解脱出来，只不过是一种反应罢了。

人类为什么会赋予思想这么高的重要性？思想往往会形成概念，然后人就按照这些概念而活。形成一些意识形态，臣服于这些意识形态，乃是世上显而易见的事。希特勒的纳粹运动便是其中一例。再如宗教组织，包括天主教、印度教、基督教的新教等等，两千年来都在通过宣传确立自己的意识形态，而且不断地经由威胁及承诺驱使人臣服其下。你可以在世界各地观察到

这种现象，你会发现人类一向赋予思想过高的意义及重要性。愈是学有专精，智力愈是高超，就越重视思想。因此我们现在要问的是：思想真能解决人类的问题吗？

心理革命

世界各地都有暴力问题，不单是巴黎、罗马、伦敦、哥伦比亚，此地以及其他各地也都出现了学生抗争，而且黑人与白人、印度教徒与回教徒，也越来越彼此仇视。人心之中不知怀着多少的残忍与暴力，虽然外表上看来很有学养，反应有节制，口里不时祈求着和平的降临。这份暴力，就是宗教派别、政治及种族界分造成的结果。

这份深埋于人心深处的暴力，可不可能得到彻底的改变及转化，好让人们活在和平的氛围里？人心深处的暴力显然是从动物性及社会承继而来的。人类已经把战争视为一种生活方式了，虽然各地偶尔有一些反战论者持着标语反对战争，但总有一些人是爱好打仗的！或许有人不赞成打越战，不过他们还可能为了别的议题而抗争，引起另一种形式的战争。因此，人类已经接受了内心及外在世界的争战，也就是冲突，并视其为一种生活方式。

人类的显意识及潜意识里的心态，制造出了相对应的社会结构——这是显而易见的事。接着我们又要问了：人类有没有可能在适应教育、接受社会规范及文化熏陶之下，同时产生心理上的真实革命？

心理上的革命有可能立即出现吗？不是在未来，也不是渐进式的，因为房子已经失火了，你不可能慢条斯理地谈论着如何救火的问题：你已经没有时间了，而且时间本来只是一种幻觉罢了。因此，什么能真的令人类改变？什么东西能够让身为人类的你我真的改变？难道必须依赖奖赏与惩罚吗？这些方法早就试过了。地狱的惩罚、进天堂的承诺等等，这些方法都用过了，但人类并没有多大改变，他仍然善妒、贪婪、暴戾、迷信、充满着恐惧。单凭内在或外在的动机，并不能带来彻底的改变。透过理性分析来了解人为什么会如此暴戾、恐惧、贪婪、好斗、野心勃勃——分析是一种很容易的方式——难道就能带来改变吗？很显然不能。那么到底什么方式才能带来立即而非渐进式的心理革命？对我而言，这似乎才是最重要的人生议题。

分析者与被分析之物

分析——专家学者的分析或反省式的分析——并不能带来解答。分析一向需要时间，而且需要大量的洞见，你的分析一旦出了错，接下来的分析就会跟着出错。如果你的分析得到了某种结论，而你立即从这个结论往下推演，那么你也受到了阻碍。此外，在分析之中还有“分析者”与“被分析之物”的对立问题。

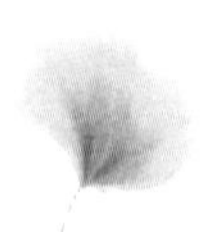

若是不透过动机分析或对肇因的探究，我们要如何才能带来心理上的彻底革命呢？你可以轻而易举地找出自己愤怒的原因，但这并不能制止你的愤怒。你可以轻而易举地找出战争的起因，包括经济上的、国家的、民族的、宗教上的议题，或是政治人物的颜面问题、意识形态等等的问题，但我们仍然在互相残杀。五千年来已经出现过一万五千场重大的战争——我们到现在仍然没有爱，没有慈悲。

一旦洞察到这个问题的真相，我们不可避免地会面临“分析者与被分析之物”、“观者与被观之物”、“思想者与其思想”之间的界分是否真实的问题。不是理论上而是真的有这样的问题吗？这个“观者”——这个让你产生“看与听”的存在中心——是否只是一个把自己与被观之物分开来的概念性存有而已？如果你说你在生气，那么这股怒气与那个知道自己正在生气的存有，是不是真的有区别？那股暴力不就是观者的一部分吗？这是非常重要的问题，我们必须试着去了解它。我们若是关心当下立即产生心理上的革命——不是未来才产生一些变化——这个议题，就必须试着去了解问题的核心：这个所谓的“观者”、“我”、“自我”、“思想者”或“经验者”，与被观之物、经验或思想真的有差别吗？当你在看着一棵树，观察一只飞鸟，欣赏水面上的月光时，那个“经验者”真的有别于他所看到的一切吗？当我们在看一棵树时，我们是真的在看它吗？请再随着我探究一下。我们可曾直接地看过一棵树，还是只透过知识组成的意象或过去的经验在看它？你可能会说“是的，我知道它的颜色有多美，形状有多么好看”，但你只是在通过记忆、通过以往对它的感觉，再次享受起那份快感罢了。你可曾观察过那“观者”与“被观之物”的差异？除非你曾深入于这个议题，否则接下来要谈的事很可能被你疏忽掉。其实只要“观者”与“被观之物”是分开来的，冲突就一定会出现。只要心中一产生对去年秋色的回忆、认知及意象，“观者”与“被观之物”的界分及冲突就出现了。制造出这种界分的正是思想本身，假如你看着你的邻居、你的妻子、你的丈夫、你的男友或女友，不论眼前是谁，这时你能不能不带任何意象或过往的记忆，直接看着这个人？因为如果带着某种意象去看此人，你们的关系就不见了，剩下的只有两组意象所形成的间接关系，只有概念性的关系，而没有真实的关系。

人类冲突之源

我们都住在概念世界里，住在一个由思想构成的世界里。我们总试图借着思想来解决所有的问题，从最机械化的到最深层的心理问题。

如果“观者”与“被观之物”的确有区别，那么这种区别就是人类冲突的源头。当你说你爱某人时，那种感觉真的是爱吗？其中必定有“观者”与“被观的对

象”之间的界分？这种“爱”本是思想的产物，一定会造成界分的概念，因此并不是真正的爱。

思想是不是我们用来解决所有人类问题的唯一手段？或许是的，我们正在质疑这件事，我们并没有立刻下结论。也许除了机械性的、技术性的或科学性的问题之外，思想并不能解决所有问题。

当“观者”即是“被观之物”时，冲突就停止了。这种情境很容易发生，而且很平常；每当重大危机出现时，“观者”与“被观之物”的界分就不见了，这时行动会立即产生。假如一个人的生活里出现了重大危机——我们总是在逃避危机——他根本没时间去思考这件事。在这种情况之下，脑子里虽然还有许多老旧的记忆，故而无法立即做反应，但行动已经产生了。这时心理上已经出现了立即的革命，也就是“观者”与“被观之物”的界分不见了。换句话说，我们一向活在过往的历史里，所有的知识都属于过去的历史，人终其一生都活在过去，活在已经发生过的事物里面——从其中再产生出“过去的我是什么”，以及“我将来应该怎么样”等等的想法。人生基本上就是奠基于昨日的种种，而“昨日的种种”只会使我们变得无感，剥夺掉我们本有的天真与易感性。因此，“昨日的种种”便是那“观者”本身，“观者”的心中充斥着一层又一层显意识及无意识的记忆。

观察自己与认识自己

全人类都存在于我们的显意识及深层的无意识里。每个人都是数千年的演化成果。这些记录，人类所有的历史、所有的知识及过往的一切，全都深埋在我们每一个人的心中——如果你能深入地探究，就会发现它们，因此自我认识才会变得那么重要。“自我”已经变成了一个二手货，我们不断地重复别人的话语，不论是弗洛伊德或任何一个专家的见解。如果你真想认识自己，绝不能借着专家的眼睛来看自己，你必须直截了当地观察自己。

你如何能在不成为“观者”的情况下来认识自己呢？你所谓的“认识”到底是什么？——我现在并不是在说双关语。我是在质疑我们所谓的“认识”到底是什么？什么时候我们才是真的在认识一个东西？我们可以说我“认识”梵文，我“认识”拉丁文，我“了解”我的妻子或丈夫。我们可以学着去认识一种语言，但我真的了解我的妻子或丈夫吗？当我说我了解我的妻子时，我会不会立即产生一个有关她的意象：这个意象永远属于过往的历史，这个意象会阻碍我对她的观察——她目前可能已经有所改变了。因此我真能说我“了解”吗？当你问道“我能不能在不形成观者的情况下来认识自己”，你知道会发生什么事吗？

这是十分复杂的一件事：我学着认识自己，在学习

的过程中我累积了许多有关自己的知识，亦即过往的一切，然后我又继续累积对自己的认识。我经由这些累积的知识来观察自己，并试图对自己产生一些认识。这个做法行得通吗？显然是行不通的。

观察自己与认识自己是截然不同的两回事。观察是一种不间断或不累积的过程，“自我”则是一个不断在改变的东西，它总是有新的想法、新的感觉、新的变动、新的暗示、新的迹象。观察并不是与未来或过去相关的一种状态，我不能说我已经观察到了，或是我将要观察。因为心永远处在一种不断观察的状态里，它永远活在当下，永远是新鲜的，它不被累积下来的知识败坏。如果你深深地探索下去，就会发现存在的只有不间断的观察而非知识的累积，然后心就会变得异常警醒、敏锐，因此我永远无法说我“认识”自己，任何一个人如果说“我认识”，显然就还不认识什么。观察乃是一种活跃而不间断的过程，它跟已经有所认识是无关的。我“认识”为的是在已经学会的东西上再添加一些东西，但若想观察自己，就必须拥有观察的自由，可是如果经由过去的知识来进行观察，自由就被否定了。

提问者（以下简称“问”）：为什么“观者”与“被观之物”的界分会导致冲突？

克里希那穆提（以下简称“克”）：是谁在付出努力？只要有努力，只要有矛盾，就会有冲突。因此，在“观者”与“被观之物”之间，难道没有对立性吗？这并不是一种意见上的狡辩，你自己去观察一下就知道了。假如我说“这是我的”，那么不论那是财物、性、权力或工作，都会出现因界分而造成的抗拒，如此一来就起了冲突。当我说“我是印度教徒”、“我是婆罗门”或这个那个时，我已经在自己的周围建构了一个世界，一个我认同的世界，于是界分就产生了。很显然，当一个人说他是天主教徒时，他已经把自己和非天主教徒做了区分。所有的区分，不论是内心的或外在的，都是在助长敌意。现在问题又出现了，我能不能既拥有一些东西，又不会制造敌对、矛盾或冲突？还是有一种截然不同的存在次元，可以完全消弭掉“所有权”这个东西，达到真正的自由之境？

问：我们有可能不带着任何概念而行动吗？你有可能进到这间房子里，在一把椅子上坐下来，而不带有任何对这把椅子的概念吗？你似乎在暗示我们不能有任何概念？

克：也许我没有解释得很仔细。人当然得有概念，譬如我问你住在哪里，你一定会回答我，除非你有健忘症。“告诉我”这件事，就是源自于概念或记忆，而人必须有记忆和概念。不过概念也会助长意识形态，带来灾害——你是美国人、我是印度人等等。你信奉一种意识形态，我信奉一种意识形态，这都只是一些概念罢了，但我们竟然会因此而相互残杀。即便是在同

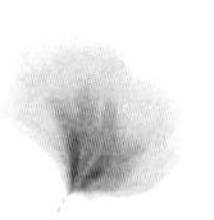

一间实验室里研究科学的伙伴，也可能做出这种事来。

在人类的关系之中，概念到底有没有任何地位？这又是一个更复杂的问题了。所有的反应皆是概念，所有的反应也就是：我有一种想法，然后我依照这个想法去行动。首先我产生了一种想法、一个公式或基准，然后就按照它来采取行动。因此，在概念、想法与行动之间，一定存有界分。处在概念这一边的是“观者”，行动则是在观者之外的另一种东西，于是界分与冲突就因此而形成了。这时又出现了一个问题：那受限的、从社会背景里产生的心智，是否能摆脱掉概念思考，以不机械化的方式行动？我认为这是有可能的，但我说有可能并没有什么意义。我说这是有可能的，而且这就是冥想：探索心智有没有可能完全安静下来，从所有的概念思考中解脱出来，只有在需要用它的时候才产生思想。我现在是在用英文说话，这是一种自动化的过程，但是你能不能彻底安静地听我说话，心中没有任何念头？你一旦“试图”去达到这种状态，思想就出现了。我们有没有可能在看着一棵大树或麦克风时，心中没有任何念头？念头指的就是思想或概念。看着一棵大树而没有任何思想，是很容易做到的事。可是看着一个朋友，一个伤害过你、奉承过你的人，而不带着任何成见，就很难做到了，这意味着你的脑子是安静的。虽然它也会有反应，迅捷的反应，不过仍然可以安静到完整而彻底地看着跟前这个人。只有处在这种状态，你才会对他产生真正的了解，然后才会有完善的行动。

问：是的，我想我知道你要说的是什么。

克：很好，不过你真的必须实践才行。人必须认识自己，但接着又会产生“观者”与“被观之物”、“分析者”与“被分析的对象”之间的界分问题。有一种观察的方式可以免除这些问题，那就是立即的了解。

问：你现在正试图用语言来解释一个语言无法传达的状态。

克：因为你我都懂得英文，所以我们才用语言来沟通，若想正确地进行沟通，你我必须同时具备热切而又专注的品质才行，否则我们是无法真的产生交流的。假如你我正在说话而你却朝着窗外观望，或者你很认真而我一点也不认真，那么这类情况都会让沟通停止。因此，传达一个你我完全不熟悉的东西，是极为困难的事。不过有一种沟通的形式并不需要借助语言，但只有当你我都很认真、专注与直接，而且双方的心智都处在同样的层次、同样的节拍，它才会出现。那时就会形成一种非语言性的“神交”；那时我们就可以安静地对坐，但不是你的寂静或我的寂静，而是我们共同的静谧；那时或许就会出现真正的神交了。不过这种要求也许太高了一点。

二、人心该如何摆脱恐惧

没有依赖的人生

我们有这么多错综复杂的问题，很不幸的是我们往往会依赖别人，譬如专家学者，来解决这些问题。世界各地的宗教已经提供了各种逃避这些问题的方法，此外科学也被视为可以帮助人类解决这些问题的方式之一，或者教育也能解除这些问题。可是你会发现这些问题不断在增长，而且变得愈来愈紧迫、复杂，好像永无止境似的。你会逐渐发现我们谁也无法依赖，不论是僧侣、科学家或专家学者都无法依赖。这些人并没有解决什么问题，因此你必须独自去探索它们：战争、宗教信仰的分歧、人与人的对立、人性之中的暴力等等。这一切都在持续地发生，恐惧与痛苦也一直在继续增长。

你会发现你必须亲自去探索这一切，你也会体认到根本没有所谓的“权威”可以依赖。任何一种形式的“权威”（除了科技上的专业权威之外）都失效了。人类把这些“权威”视为能带来和平的工具或引领者，可是因为他们失败了，失去了原有的意义。所以才会普遍出现对“权威”的反叛。包括宗教与道德上的反动。你会发现美国这个不到三百年历史的年轻国家，在尚未成熟之前已经出现了衰败的迹象：处处皆是失序、冲突与困惑，还有无法避免的恐惧与痛苦。这些外在事件必然会迫使人为自己寻找答案，可是你必须把过去的一切一笔勾销，重新开始，并且意识到没有任何一个外在的权威可以帮助你。没有任何信仰、宗教派别或道德准则可以带来真正的帮助，过往的救主或经典已经失去了重要性。人被迫靠自己进行检视、探索与质疑，这样人心才能变得清明：它不再受制、颠倒或扭曲。

然而我们真能靠自己来发现正确的答案吗？我们的心是如此的受制，它真的能获得最终的自由吗？包括显意识与无意识在内？

关于恐惧

人心能摆脱恐惧吗？这是人生最重要的一个议题。人心能不能从富有感染性的恐惧之中解脱出来？让我们来探索一下。不是一种理论上的探讨，而是真的觉察到自己的恐惧，包括生理及心理的、显意识及无意识底端的恐惧。有没有这个可能性？你或许能觉知到生理上的恐惧——这比较容易办到，但你能否觉察到无意识底端的恐惧？

任何一种形式的恐惧都会污染心智，令其颠倒，带来困惑与神经官能症。处在恐惧之中，心是不可能清明的。我们要切记的一点是，无论怎么仔细地分析恐惧或创立对恐惧的种种理论，最终我们还是会害怕。但如果我们能深入地探究它，真的去体察它，或许就能彻底解除它了。

某些恐惧是可以被意识到的。“我怕失业。”“我

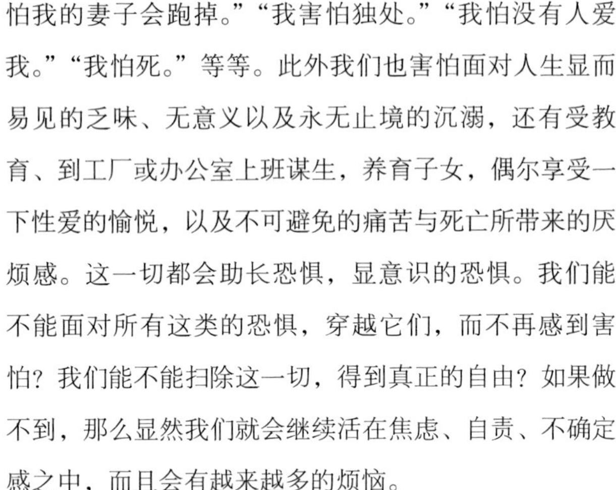

怕我的妻子会跑掉。”“我害怕独处。”“我怕没有人爱我。”“我怕死。”等等。此外我们也害怕面对人生显而易见的乏味、无意义以及永无止境的沉溺，还有受教育、到工厂或办公室上班谋生，养育子女，偶尔享受一下性爱的愉悦，以及不可避免的痛苦与死亡所带来的厌烦感。这一切都会助长恐惧，显意识的恐惧。我们能不能面对所有这类的恐惧，穿越它们，而不再感到害怕？我们能不能扫除这一切，得到真正的自由？如果做不到，那么显然我们就会继续活在焦虑、自责、不确定感之中，而且会有越来越多的烦恼。

然而恐惧到底是什么？我们真的认识恐惧吗？还是只有在它结束之后我们才发现自己有过这种情绪？去弄清楚它是很重要的事。我们可曾直截了当地接触过恐惧，还是我们的心已经对它习以为常，而且永远都在逃避它，因此从未跟所谓“恐惧”的东西有过直接的接触？如果你能接受自己的恐惧，那么当我们共同探索它的时候，或许就能对它产生直接的了解了。

恐惧到底是什么？它是怎么产生的？它的结构及本质是什么？譬如我们刚才举出了害怕舆论这件事，这里面其实涉及了好几种东西，包括怕失业等等。这类的恐惧到底是怎么产生的？它是不是时间的产物？如果我已经了解了恐惧的起因，它会不会因此而消失？它会不会因为探索、分析及寻找到起因而消失？譬如我怕某种东西，就说是死亡好了，或者我怕明天过后会发生的事、以前曾经发生过的事，但是让这份恐惧延续下去的，究竟是什么东西？你也许做错过某件事，说错过某句话，一些属于过往历史的事，或者你很怕未来可能会生病、失业等等。因此我们有属于过去的恐惧，也有属于未来的恐惧。属于过去的恐惧是已经发生过的，属于未来的恐惧则是可能会发生的。

为何你会感到恐惧

然而是什么东西令过去的恐惧以及未来的恐惧继续存在呢？很显然是思想——有关过去种种的回忆，或者某个曾经有过的病痛可能在未来复发等等。恐惧是由记忆及思想支撑的。忆起过去的痛苦或快乐，会让恐惧延续下去，得到滋养与支撑。有关未来的苦与乐，也是一种思维活动。

我为自己曾经做过的事感到恐惧，因为它可能造成未来的某种结果。因此，思想就是一种心理上的时间感，这是非常明显的事。思想造成的心理时间感与外在的时间是两回事。

把时间划分成昨日、今日及明日的思想，助长了心中的恐惧。思想制造出了当下与未来可能发生的事之间的界分。思想借由心理上的时间感促成了恐惧，思想就是恐惧的源头，思想也是痛苦的源头。我们接不接受这个观点？我们是否能真的看到思想的本质、运作的模式，以及如何制造出整个过去、现在、未来的结构？我

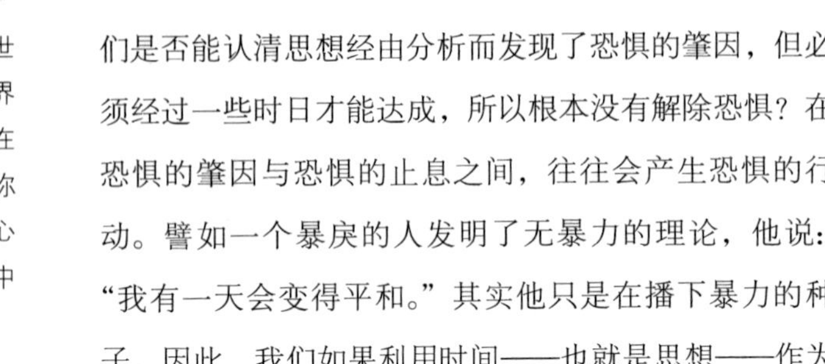

们是否能认清思想经由分析而发现了恐惧的肇因，但必须经过一些时日才能达成，所以根本没有解除恐惧？在恐惧的肇因与恐惧的止息之间，往往会产生恐惧的行动。譬如一个暴戾的人发明了无暴力的理论，他说：“我有一天会变得平和。”其实他只是在播下暴力的种子。因此，我们如果利用时间——也就是思想——作为解脱恐惧的工具，我们就永远也无法解除恐惧了。恐惧是不能经由思想解决的，因为助长恐惧的就是思想。

恐惧的真面目

那我们到底该怎么办？如果思想不是脱离恐惧的方式，我们到底该怎么办？我们必须很清楚地去探索这个问题，不是在头脑里想一想就算了，也不是赞同与否的问题。而是必须深入探究它，如果我们够认真的话。因此思想就是助长恐惧与快乐的一种东西。假如我们认清了思想会助长巨大的恐惧感，而且根本无法解除恐惧，那么接下来要怎么办？我希望你能自己回答这个问题而不是等着我。如果你不是在等着我回答，你就会面对它，而它势必会带给你挑战，所以你必须回应它。但如果你以老旧的反应来回应这个挑战，那么你会怎样——你其实仍然在害怕。这个挑战是崭新的、立即的，而思想只会助长恐惧，思想无法止息恐惧，那么你该怎么办？

首先，当你说出“我已经了解了思想的整个本质与结构”时，你的意思究竟是什么？你所谓的“我了解了”，“我已经了解它了”或“我已经发现了思想的本质”究竟是什么意思？一个会说出“我已经了解了”的心智，到底是处在什么样的状态？

请仔细听我说，不要下任何论断。我们现在要问的是：思想真能了解任何事吗？你告诉了我某件事，譬如你为我仔细说明了现代生活的各种复杂层面，于是我说：“我明白了。”这不仅只是字面上的了解，还包含对整个内容及深层面向的体认，因此我认清了人类是如何深陷于神经质的、官能症式的恐怖状态里。如果我们是以所有的感官、神经系统及知觉在了解这件事，那么我们就再也不会陷入其中了。我一旦体认到眼镜蛇的危险，就不可能再靠近它了。即使我再靠近它，我的行动也是截然不同的。因为我已经了解了它。

因此，我们是不是真的了解了思想的本质、思想的产物，亦即恐惧与快乐？我们是否真的有所领会？是否确实知道它是如何运作的，而不只是理论上的认知，或字面及逻辑上的理解？如果我对字面的解释已经心满意足，那么我就是在玩文字游戏。但如果这些解释可以让我直接觉知到那个被描述的对象，那么截然不同的行动就会产生。（就像一个正在挨饿的人，他真正需要的是食物而不是你对食物的描述。）

当一个人发现了思想是如何在助长恐惧时，会发生什么事呢？当你对一个饥饿的人描述食物有多好吃

时，他会有什么反应？他可能会说："不要对我描述食物有多好吃，赶快把它拿给我吧！"这时你必须有立即的行动而非理论。因此你如果说"我了解了"，就意味着你不断地在认识思想、恐惧及快乐，你的行动是从这种持续不断的认识之中产生的。如果你能如此去认识恐惧，恐惧就会止息下来。

某些恐惧从未被揭露过，它仍是深埋在内心底端的秘密，那么意识心要如何揭露它们呢？通常意识心必须借由梦境来觉知这些恐惧带来的暗示，但是当人们梦见它们时，是否能诠释得清楚？如果一个人无法靠自己来了解它们，就必须依赖外在的诠释者，但这个诠释者也只能依据自己的方式或专业训练来加以解析。另外还有一种情况是自己一边在做梦，一边在解梦。

但人为什么会做梦？专家说人必须做梦，否则就会发狂，我可不能确定人是不是必须做梦。我们为什么不能在白天清醒时开放地觉知无意识里的暗示或提示，这样我们就根本不必做梦了？如果我们在睡觉时还不停地做梦，我们的心就不可能安静，不可能更新。因此，心有没有可能在白天完全开放，保持警醒和觉知，以便让深埋的恐惧带来的暗示及提示被观察到、消化掉？

白天如果能留意地觉知一言一行以及所有发生的事，我们深埋的恐惧及表层的恐惧就会暴露出来，然后你的睡眠才会彻底安详，没有一丝的梦境，而且隔天早上起来，你的心会变得十分清明、无邪而活泼。这并不是一种理论——试试看就知道了。

问：如何才能把深埋的恐惧带到表层意识？

克：你可以观察自己是否警醒、敏捷，是否注意到无意识乃是过去种族记忆的储藏库。譬如我是在印度出生的，属于所谓的婆罗门阶级，其中有各种的偏见、迷信及道德规范等等，包括个人性的以及集体性的，这些东西全都深埋在无意识底端。这便是我们一般所谓的“无意识”，专家学者或许会给它另一种名称，其实我们一般老百姓自己去观察一下就知道了。然而这一切要如何才能揭露出来呢？你要怎么去进行这件事？如果你是犹太人，那么你的无意识里一定有深埋的犹太教传统，如果你是天主教徒，那么有关天主教的一切，也一定埋藏在你的无意识底端。那么，你要如何不借助梦境来揭示这些东西？

假设白天里你都很警觉，能察觉思想的活动，觉知自己是如何说话，如何走路，如何反应，如何摆姿势等等，那么所有深埋的东西很容易就会暴露出来。这不需要花什么时间，因为你已经不再抗拒什么，也不再刻意挖掘什么，你只是一直在观察与聆听。处在这种觉知的状态里，所有的东西都会暴露出来。但如果你说“我要保留某些东西，排除掉另外的一些东西”，那么你就会进入半睡眠状态。如果你说“我要把印度教、犹太教或天主教的某些好东西保留下来，然后让其他东西消失

掉”，那么显然你仍然是受制的、执着的。因此我们必须让这一切都浮现出来而不带着任何抗拒之心。

问：这样的觉知是没有选择性的?

克：如果觉知之中带着选择性，你就是在阻碍它。但如果觉知之中没有选择性，那么一切事物都会被揭露出来，包括最深的恐惧、冲动及秘密需求。

问：我们是否该一天做一个小时的觉察练习?

克：如果我真能觉知及留意，就算是一分钟，也足够了。大部分人都不怎么留意，但注意到自己没有在留意，就是一种觉知了，不过刻意培养觉知也并不是真的在觉知。我可以花一分钟的时间去觉知内心发生的事而不带任何拣择性，只是很清晰地去观察。我也可以花一小时去练习觉知。却并没有真的在留意，结果是一个小时之后所有的习性又重复出现。

三、在每个当下真实地觉知

冥想不是逃避

前几天友人告诉我说，冥想在现今的美国社会并没有什么重要性，美国人需要的是行动而不是冥想。我很奇怪为什么冥想与行动会被如此划分开来。我们总是陷在这种二元对立和四分五裂的观点里面。在印度，人们对于各种不同的生活方式也抱持着某些观点，有的人注重行动，有的人重视知识，有的人则着重于智慧，等等。这样的界分势必会造成臣服、局限与矛盾。

我们若想探讨冥想的问题——这是一个极为复杂的问题，对讲者而言甚至是最重要的人生议题——就必须了解这个名词到底是什么意思。字典上对这个词下的定义是:“仔细思考”、“深思熟虑”、“深入探究”等等。印度与亚洲国家似乎垄断了“冥想”，就好像冥想的深意及结局都受到他们掌控似的，这显然是很荒唐的事。当我们谈到“冥想”时，必须先厘清这里面有没有逃避人生的成分，包括对日常差事以及对人生的乏味、焦虑与恐惧的逃避，或者，冥想只是一种生活方式罢了。我们到底是在借由冥想逃避这个疯狂而丑陋的世界，还是冥想本身就是去了解切实的人生及行动。如果我们想逃避人生，那么日本的禅寺或其他宗教体系都为我们提供了一些修行派别。我们可以明白为什么这些修行派别那么诱人，因为人生确实丑陋、残忍，充满着竞争性与无情，它其实一点意义也没有。我们很可能不假思索地轻易就接受了印度瑜伽或是它们的咒语，因为这些东西承诺了奖赏以及某种因逃避而带来的满足。因此我们必须十分清楚我们关心的并不是逃避，不是借由冥思、空想、药物或咒语来逃避人生。

在印度，重复诵念某些梵文字句就是所谓的咒语，据说它们可以活化心智。其实这些重复诵念的咒语只可能令心智变得迟钝，或许大部分人都想变得迟钝一些，因为他们并不想面对人生的真相。人生真的令

人不寒而栗，所以他们想变得糊涂一点。重复诵念咒语、嗑药、喝酒等等，的确会令心智迟钝一些。把心弄得迟钝一些便是所谓的“静心”，很显然这绝非真正的静心。迟钝的心不论怎么思索有关上帝、道德与美的议题，到头来仍旧是迟钝的、愚蠢的、沉重的。因此我们关心的并不是这一类的逃避形式。

冥想并不是人生的某个局部。它也不是逃到寺庙里，或是在一间屋子里静坐十分钟、一小时，试图借由专注来学习冥想，但却在其他的时段里继续做个丑陋的人。人们把所有的丑陋摆到一边，变成了一个无法觉知真相、缺乏智慧的人。若想了解真相是什么，你的心必须非常敏锐、清晰及精确，不是苦行之下的扭曲之心，不是聪明狡诈，而是以毫不扭曲的纯真及易感来观察一切事物。一个塞满知识的心，同样也无法觉知真相。只有能彻底进行观察的人，才办得到。观察绝不是知识的累积，观察乃是不断在进行的一种活动。

同时心智与身体还得保持在高敏感度的状态。你不能一边拖着臃肿的身躯，满腹酒肉，一边企图静心冥想——这是毫无意义的事。因此，心智必须是高度警醒的、灵敏的、理智的，但不是由知识中产生的理智。

冥想的真谛

活在这个辛苦的世界里，人类如此深陷于不幸、痛苦与暴力之中，我们还有可能让心智变得灵敏、理智吗？这便是有关冥想的第一个重要议题。第二，心智能不能保持合乎逻辑的、持续不断的觉知，没有丝毫的扭曲或神经过敏倾向？第三，心智能不能保有高度的纪律？“纪律”指的是“观察认知”，而非“锻炼”。“纪律”乃是一种不断在观察的活动——这个词的词根就是此意。一个有纪律的心看一切事物都很清晰、客观，既不情绪化，也不滥情。若想发现那不可思议的境界，展现出最高形式的爱，就必须具备这些条件。

社会是由我们创造出来的，我们又继而受制于社会。我们的心已经被不道德的道德所扭曲，而且严重地受到制约。因为社会鼓励暴力、贪婪、竞争、野心等等的心态，所以其道德根本是不道德的。社会里面很难找到爱、关怀、温柔或情义，而社会认定的值得尊崇的事物，根本就是一种失序。一个经过数千年的训练，已经习惯于臣服、接受及顺从的心，是不可能保持灵敏或具备真实美德的。我们都深陷于这个桎梏中，因此，美德到底是什么？——这是我们必须拥有的一种东西。

缺乏正确的数学基础，数学家是无法进行深入研究的。同样的道理，若想探入那个截然不同的次元，也必须打下正确的根基。这根基就是美德，也就是秩序——不是社会认定的那种失序的秩序。缺少了秩序，心智怎么可能变得灵敏、活泼、自由？

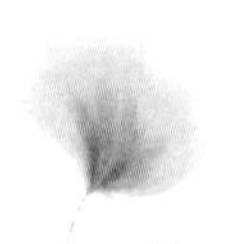

美德与爱

美德显然不是臣服于某种模式的重复行为，但这样的行为已经被美国或其他地方视为一种值得尊崇的德行了。我们必须很清楚地认清美德究竟是什么。美德如同爱、谦卑一样，是不能被培育出来的，只有当我们了解了什么不是美德之后，美德——其本质、美与秩序——才会出现。只有透过反面，我们才能弄清楚什么是正面。我们不能为美德下个定义，然后去模仿它，就算完事了——这并不是美德本身。培养各种形式的"应该怎么样"，便是一般所谓的美德——譬如非暴力的理想。但日复一日地修炼，直到这些所谓的美德变成一种机械化的反应为止，也是没有多大意义的事。

美德如同爱与美一样，显然不是从累积的知识中产生的行动，而是在每个当下自发的一种东西。无论社会或我们本身，都出现了彻底失序的情况，但这并不意味我们心中有一个部分是井然有序的，其他的场域都是失序的。这只是另一种形式的二元对立，因此仍然有矛盾、困惑及挣扎。只要有失序，就一定会有选择性及冲突。只有困惑的心才需要选择，对事物了了分明的心是不需要选择的。假如我是困惑的，那么我的行动也将会是混乱的。

心若是能清晰地看待事物，没有任何扭曲。也没有个人的偏见，而且已经了解了失序的原因，从失序之中解脱了出来，这样的心就是有美德的，井然有序的——不是根据资本主义者或任何一个教派的主张，而是因为它已经了解了失序的整个内容。内在秩序与数学秩序十分相近。内在最高的秩序就是一种绝对境界，但它不能经由培养、锻炼、压抑、控制、顺从或臣服而达成。只有一颗井然有序的心，才可能是灵敏的、理智的。

我们必须觉察内心的失序，觉察其中的矛盾、二元对立的挣扎、相互冲突的欲望、意识形态上的追求及其虚妄的本质。我们必须不带有任何谴责、批判或算计地去观察眼前的“真相”。

譬如我看到的麦克风就是麦克风——不是一个我喜欢或不喜欢的东西，也不去想它是好是坏——我只是如实地看着它。同样的道理，我们在看自己的时候，也不去论断自己是善良的或不善良的（但这并不意味着为所欲为）。美德就是一种秩序，你不能依照某个蓝图来模仿美德。如果你这么做的话，就会变成失序与失德之人。

问：秩序是不是一种不失序的状态?

克：不是的。我们曾经谈过，了解什么是失序——不是字面上或头脑上的理解——便是从失序之中解脱出来，而失序就是冲突或二元对立的争战。从这份了解之中就会产生秩序——一种活泼的状态。你不能把这种活泼的状态画在纸上，然后去模仿它。

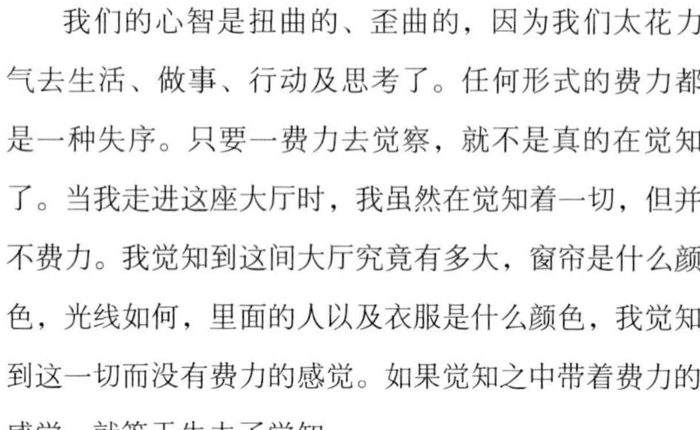

我们的心智是扭曲的、歪曲的，因为我们太花力气去生活、做事、行动及思考了。任何形式的费力都是一种失序。只要一费力去觉察，就不是真的在觉知了。当我走进这座大厅时，我虽然在觉知着一切，但并不费力。我觉知到这间大厅究竟有多大，窗帘是什么颜色，光线如何，里面的人以及衣服是什么颜色，我觉知到这一切而没有费力的感觉。如果觉知之中带着费力的感觉，就等于失去了觉知。

问：有某种东西可以使我变得有觉知?

克：没有任何东西可以使你从不知不觉变得有知有觉。假设你大部分时候都没有在觉知，但是你意识到自己没有在觉知的那一刻，就是在觉知了。

客观地看待某个东西而不带着任何论断，是很容易办到的事。观赏一棵树、一朵花、一片云或是水面上的光影，观察它们而不带着任何论断或衡量，是很容易办到的事，因为这些东西并不会碰触到我们内心深处的东西。但若想以毫无衡量的心去看自己的妻子或教授，却几乎是不可能的事。因为我们对眼前的这个人已经有了某些既定印象。这些印象是经年累月发生的一连串事件所造成的，其中有苦有乐，也有性爱带来的欢娱等等。我总是透过这些印象在看眼前的这个人，如果我是透过这些印象在看我的妻子或邻居——也许这位邻居是住在十万八千里外，那么我和他们之间还可能有真实的关系吗？如果夫妻都是透过既定印象看待彼此，那么他们之间还有真正的关系吗？这些印象多半源自于多年的经验累积起来的记忆，譬如对方的唠叨、耀武扬威、掌控性，或是对方带给我们的快感等等。透过这些记忆及印象，我说“我认识我的太太”，或者她说她了解我，然而真是如此吗？其实我认识的只是一些印象罢了，我并不了解那个活生生的人，我只认识一些僵死的印象。

清晰地观看是没有任何既定印象的，也不带着任何象征或念头。试试看你就知道那种感觉有多美好了。

问：我能不能以这样的方式去看自己?

克：如果你带着既定印象去看自己，就无法觉知任何东西了。举个例子，我发现我有深埋的愧意，于是我说:“糟透了，我的心真是丑陋。”当我的心中出现这些念头时，我就是在阻碍自己进行观察。念头、象征或见解都会阻碍我们观察。要想认识自己，就不能有先入为主的想法、知识、象征或印象，这样我就能在每个当下真实地觉知了。

问：人有可能永远保持觉知吗?

克：我不知道你为什么要问这个问题。这是不是一种“贪”的形式？你的意思是:“如果我能做到的话，我的人生就不一样了。”因此你其实是起了贪念。不要去管你是否能永远保持觉知，试试看就对了。只要你开始觉知，就会发现保持觉知有多困难了。

问：（声音没有记录下来）

克：透过我身体的感官，会出现一种视像，心理上也会出现视像。当我看着眼前的某个东西时，为什么会把内心的记忆投射到我所看到的东西上面？

这一切都跟冥想有关。你不能说冥想是在这一切东西的结尾才出现的状态！这一切都是生活的一部分，而觉知这一切就是冥想，这便是冥想的美之所在。美不仅仅限于建筑、山丘的曲折线条、落日或夜月，也不限于文字、诗词、雕塑或绘画——美就在生活中。我们看见的任何一个事物之中都有美。

然而一个已经扭曲、破碎的心，还有没有可能清晰无碍地去看每一样东西？我们都是饱受折磨的生命，这是无可置疑的事。我们的心已经饱受折磨，或者正在受折磨中——这样的心如何能清晰无误地去看事情？若想找出答案——我们是在觉知而非在口头上说说就算了，就必须深入探索“经验”这个东西。

每一种经验都会留下痕迹或残留物，留下一段痛苦或快乐的回忆。“经验”这个名词意味着“完成”某件事，但因为我们从不真正“完成”任何事，所以才会留下痕迹。如果你有了一次震撼人心的经验，而你彻底变成了那个经验，那么你就会从其中解脱出来，这样一来它就不会留下任何记忆的痕迹。

但为什么我们的每一个经验都会留下记忆，储存在显意识或无意识里？因为记忆阻碍了我们的清明及纯真。然而你又无法阻止经验的发生，如果你阻止它们，就会在自己的周遭筑起一道高墙，如此一来你就把自己孤立起来了。这是大部分人都在做的事。

因此，我们必须了解经验的本质与结构是什么。譬如昨天傍晚你看到落日的美景——玫瑰红的余晖照射在水面上，所有的树梢也都沐浴在这璀璨的霞光之中。你看着它，享受着它，四处充满着欢愉、美、色彩及深度，几秒钟之后你突然起了一个念头："真是太美了！"于是你把这美景描述给某一个人听，你很想再拥有它，再拥有其中的美、享受及喜悦。也许你明天又回到原处，在同样的时刻同样的地点再一次地观赏落日，不过你是带着昨日的记忆在看着它的，因此眼前崭新的景象已经受到昨日记忆的影响。同样的道理，你可能羞辱我或奉承我，而那份羞辱或奉承就在我的心中留下了苦与乐的痕迹。因为我一直在借由经验累积一些记忆，所以我的心变得愈来愈粗劣、沉重、浓浊。这是显而易见的事实，因此我能不能在听到你对我的羞辱时不立即产生反应，而能够留心地倾听、思考你的话语？当你说我是个蠢人时，你的话也许是对的，也许我真的是个蠢人，或者当你奉承我的时候，我也留心地倾听。如此一来，无论是羞辱或奉承都不会留下任何痕迹，这样心就能保持警觉。不论是羞辱、奉承、落日或任何一种事物的美，我们都警醒地觉知。因为心一直保持警觉，所以它一直是自由的，虽然它已经有过千万种经验。

问：假设某人羞辱你，而你却很仔细地聆听他在说些什么，这样等到你听完了之后，就知道他到底说得对不对了？

克：不！你其实立刻就知道了，因为你的心已经从过往累积的知识里解脱了出来，所以很清明。

问：那么它一定是警觉的……

克：当然。其中带有极大的喜悦，反之则不然。因为那样的心已经被扭曲，已经饱受经验的折磨，因此永远不可能是清新的、年轻的、纯真的、活泼的。

另外还有整个攸关爱的议题。你有没有思考过这件事？爱是不是思想的产物？爱能不能借由思想而培育出来，变成一种习惯？爱是一种享乐吗？我们所认识的爱，大多是一种对享乐的追求。如果爱是一种享乐，那么爱也一定有恐惧，不是吗？

但什么是享乐？我们并不是在否定享乐，我们并不是在说你不能享乐，如果是这样就太荒谬了。然而享乐到底是什么？你见到昨天傍晚的夕阳，在觉知到它的那一刻，你心中既没有苦也没有乐，只有与现实的立即接触。但是几分钟过后，你就开始思索这美景有多么令人愉悦。性也是同样一回事。你会建构一堆的意象及画面来对它左思右想，对它的妄想会带给你一种愉悦感。同样地，一想到快乐会消失，你就会生起恐惧，譬如未来可能会失业，单独一人。没有人爱，无法表达自己的想法等等。这种种思维的机制往往会引起痛苦与快乐的反应。

爱是否能像种植物一样加以培育？爱是否能借由思想而培育出来？我们已经知道思想会助长快乐及痛苦，我们必须去觉察什么是爱。觉察而不是累积别人对爱的说法，这是多么恐怖的一件事！我们必须觉察它、观察它才行。爱，绝不能借由思想而培育出来，爱是截然不同的一种东西。

透过敏感度、理智以及从其中产生的秩序，我们的心就能了解失序是怎么形成的，然后就能摆脱掉它。从了解失序之中发展出来的纪律，往往能使我们巧遇所谓的“爱”这个东西——被政客、僧侣、丈夫或妻子摧毁掉的东西。

了解爱就是了解了死亡是什么。如果我们不让过去的种种死掉，如何能有爱呢？如果我们不让自己的形象或妻子的形象消失，如何能有爱呢？

这一切都是冥想的奥妙及美。觉察到这一切之后，我们就会巧遇某个东西：一种富有宗教情操的空寂之心。宗教并不是一种组织化的信仰——里面有神，有僧侣。宗教乃是一种心态，一种自由自在、天真无邪、彻底空寂的心——这样的心是没有任何局限的。

问：如果有人不具足这样的心会怎么样？

克：我们为什么会说“如果有人不具足”？那个“人”是谁？其实我们应该问的是：如果我不具足会怎么样？假设我没有这么敏锐、清晰的心，该怎么办？这

不正是我们应该问的问题吗？我们的心是困惑的，不是吗？我们正活在困惑之中。我们到底该怎么办？如果我很愚笨，先生，那么企图让自己的愚笨减轻一些、变得聪明一点，是没有用的。首先我必须知道自己是愚笨的、迟钝的。承认自己是个傻子，不是口头上说说，而是真的承认自己是个傻子。那么你就觉醒了，就不再是个傻子了。但如果你对自己的真相一味地抗拒，你的愚笨就会变得愈来愈严重。世人眼中最高的智慧就是变得非常聪明、非常复杂、非常博学。我不明白人为什么要在脑袋里装那么多的学问，为什么不把这些学问留在图书馆的书架上？计算机也是非常博学的。但博学跟智慧一点也扯不上关系。如实地看见事物的真相，包括我们内心里的东西，而不跟我们的真相起冲突，就必须有一颗极为单纯而富有智慧的心。我是个傻子，我是个说谎者，我很生气等等：我观察眼前的真相，我觉知着它而不去依赖任何一个权威，也不抗拒它，更不产生“我必须变得不同”之类的念头。

问：当我企图觉察时，我发现我就无法真的觉察了。

克：觉知是不是从不知不觉之中产生的？

问：不是的。然而到底是什么东西制造出了觉知，它是如何出现的？

克：首先，什么是觉知？当你在觉知时，你的头脑、你的心、你的神经系统、你的眼耳，是同时并用的。所谓的全然观照就是这种状态。若是没有任何抗拒，也没有审查或衡量的活动，全然观照的状态就会出现——你已经处在其中了。

问：但是它很少出现！

克：啊！我们又回到了老问题："但是它很少出现！"我正要指出的是：我们大部分人都没有在觉知。不过下一次当你发现自己没有在觉知时，就是在觉知了，不是吗？因此，去觉知自己的不觉知就对了。透过无为的觉知你自然会出现正向的状态。透过对不觉知的了解，觉知自然会出现。

生活是什么？

——在加州大学伯克利分校的演讲

人生就是这些恐惧、焦虑、不确定感、折磨与痛苦。人生也包含了爱、享乐、性、死亡，以及人们不断在质疑的那个问题：到底有没有所谓的实相，某种“化外之境”，某个可以借由冥想而发现的东西？

一、世界就是我们本身

正视人类的问题

能够聆听是最重要的事，不只是听讲者的话，还要觉察自己内心的反应，因为讲者并不想处理任何哲学议题，也不代表印度或印度的任何一派哲学。我们关切的是整个人类的问题，而不是什么哲学或信仰上的议题。我们关切的是人类的痛苦，我们大部分人的痛苦、焦虑、恐惧、希望与绝望，以及存在于世界各地的失序情况。我们必须为这些失序的情况、为越战负责，因为所有的混乱都是由我们造成的。身为不同国家及社会里的一分子，我们必须为正在发生的事负责。我不认为我们真的认清了这份责任有多么重大。有些人或许已经感受到这份责任而想做些什么，譬如加入某个特定的组织或特定的信仰，将一切都奉献给这份理想或行动。但这并不能解决我们的问题，也不能卸除掉我们的责任。

因此，我们首先必须试着去了解人类的问题到底是什么，而不是该怎么去解决，那是以后的事。

大部分人都很想做点事，我们都想致力于某种改革的行动，但不幸的是，这往往会导致更大的混乱、困惑与蛮横。我认为我们必须从整体而非局部来看待这些问题，包括生活中的上班、家人、爱、性、冲突、野心以及对死亡的了解等等，此外还有所谓的“上帝到底是什么”，或者什么是真理等问题。我们必须从整体来看这一切，不过对我们来说这可能有点困难，因为我们已经习惯于对烦恼采取立即的行动与反应，故而看不到人类所有的问题都是相依相生的。因此，在心理上产生革命，似乎远比经济或社会革命——譬如建立某种体制，不论是在美国、法国或印度——都重要得多，因为人类的问题绝非成为社会运动者，加入某个团体，退避到寺庙里去冥想、习禅、练瑜伽，所能解决。

在你们还未向讲者提出问题之前，首先让我们检视一下这个问题。这可不是听完一个多小时的演讲回家后就忘得一干二净的那一类问题。我们现在要谈的是全人类的问题。你我今晚势必要下一点功夫探索它。你们来这里并不仅仅是在搜集一些赞同或不赞同的观念，也不是要弄清楚讲者将说些什么。你们会发现他想说的并不多，因为我们必须共同检视这些问题，不是去下任何定论而是去了解这些问题，了解就能带来属于自己的行动。因此请容许我提个建议——只要听就够了，不要下任何结论。聆听但不要有任何偏见或成见。因为多少世纪以来我们一直在玩文字游戏、概念游戏，以及让我们原地踏步的各种意识形态，所以我们仍然在受苦，仍然处在骚乱中，我们仍然在追寻非同至乐的享乐。

我们已经说过，我们关切的是整个人生的问题而非其中的一个局部。因此我们要先弄清楚我们的问题到底是什么，而不是如何去解决它们，如何应付它们。因为一旦了解了问题是什么，那份了解的本身就能带来属于自己的行动，我认为这是必须先弄清楚的事。我们大部分的人都带着结论及假设在看问题，我们的观察之中缺乏自由，我们无法自在地去看眼前的事实。然而一旦有了观察的自由，探索问题的自由，从那份观察或探索之中就会产生了解。这份了解本身就是一种行动。但不是从结论中产生的行动。我们将一步步地深入探讨，或许逐渐就能了解彼此了。

世界与我们是无分别的

你们知道吗？无论走到哪里，人都是大同小异的。他们的态度、举止以及外在的行为模式或许有所差异，但是在心理上，他们的问题都差不多。全世界的人都充满着困惑，这是我观察到的第一件事。由于不确定感及不安全感，人不断地向外追寻、求取，想找到一条脱离混乱的出路。因此他去找老师、瑜伽士或上师，甚至哲学家，他四处寻求答案，而这很可能也是你们来这里的原因，因为我们都想找到脱离这个陷阱的方式，可是却不知道造成这个陷阱的就是我们——是我们自己而不是别人。我们身处的社会及世界就是我们本身，这个世界跟我们是没有分别的。我们是什么样子，世界就是什么样子，而我们都很困惑、野心勃勃、贪婪，追求权力、地位与威望。因为我们残忍、好竞争、充满着攻击性，所以才会建构出一个残忍、暴戾、充满着攻击性的社会。对我而言，我们生活是什么，我们的首要责任就是去了解自己，因为我们就是这个世界。这并不是一种自我中心的受制观点，一旦开始深入于这些问题，你自然就明白了。

当我们去观察外在世界与内心时，我们看到了什么问题？是经济问题、黑白种族问题、某个宗教对抗另一个宗教的问题——难道是这些问题吗？还是——真正的问题比这些都要深得多，而且大多属于心理层面的问

题？很显然问题并不在外面，它们大多属于内在问题。

最大的问题——恐惧

如同我们所说的，人类的本质就是残忍的、好竞争的、富攻击性及掌控性的，如果去观察自己，你就会发现这些真相。请容许我提个建议，今晚及接下来的三个晚上我们要说的东西，将不会是一系列观念上的灌输。讲者真正想讲的是一些你可以在自己身上观察到的心理事实，因此你可以利用讲者的话来做自我观察。你可以把讲者当成一面镜子来如实地观察自己，不带任何扭曲地觉知自己的真相。世上最重要的事就是去觉知你自己。不是依据某个专家的观点，而是真的去观察你自己。然后你会发现你就是这个世界：仇恨、恐惧、国家主义、宗教的分歧、相信这个不相信那个，等等。透过对这些问题的观察，我们就会觉知到自己的真相。然而我们每一个人面临的问题究竟是什么？是某个独立出来的问题，譬如经济或种族问题，或是特定的恐惧、神经官能症、相不相信上帝或隶属于某个宗派之类的问题？你是把人生看成一个整体，还是只锁定其中的某个问题，然后把所有的能量及思想都倾注在上面？我们能不能从整体来看人生？人生包含了经济上的压力、宗教信仰及教条、国与国的分裂与种族偏见。人生就是这些恐惧、焦虑、不确定感、折磨与痛苦。人生也包含了爱、享乐、性、死亡，以及人们不断在质疑的那个问题：到底有没有所谓的实相，某种“化外之境”，某个可以借由冥想而发现的东西？人类一直在质疑这件事，所以我们不能把它撇到一边，只关心日常生活里的事，就好像它没有任何正当性似的。我们很想知道是否有一个永恒的东西，一个超越时间的实相。这一切都是我们思考的议题，因此存在的不只是某个特定的问题。当你观察到这一点时，你会发现所有的问题都是相依相生的。如果你彻底了解了某个问题，自然会了解其他的问题。

因此，从人的角度来看人生地图，你会发现我们最大的问题就是恐惧。不是特定的恐惧，而是所有的恐惧：譬如对生活的恐惧，对死亡的恐惧，对无法满足或失败的恐惧，对被掌控、被压制的恐惧，对不安全的恐惧，对孤独或不被爱的恐惧。一旦有了恐惧，就会有攻击性。恐惧会令人变得非常好动，不只是想逃避恐惧，而是恐惧本身就会带来具有攻击性的行动。如果你愿意的话，不妨自己去观察一下就知道了。恐惧乃是人生最主要的课题之一，但是它该如何解除呢？人能不能一劳永逸地解除恐惧，不只是在显意识的层次，同时也包括内心隐秘的层次？这份恐惧能借由分析而解除吗？它能透过逃避而扫除掉吗？因此真正的问题是：一颗害怕生活，害怕过去、现在及未来的心，要如何才能从恐惧之中彻底解脱出来？它如何能一点一滴地解除掉恐惧，这是首先要探索的问题。一颗认为自己必须花

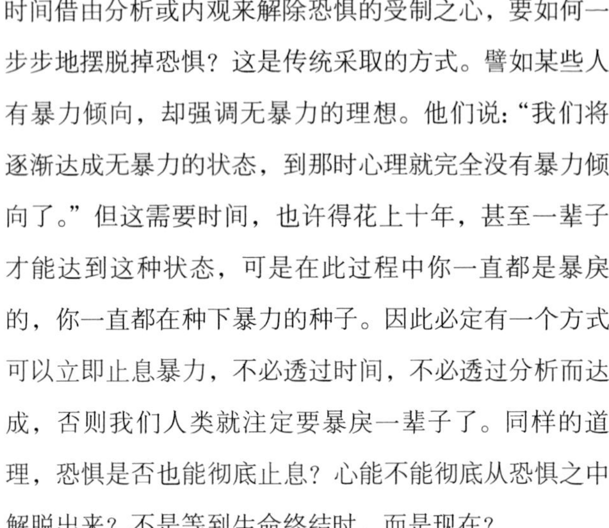

时间借由分析或内观来解除恐惧的受制之心，要如何一步步地摆脱掉恐惧？这是传统采取的方式。譬如某些人有暴力倾向，却强调无暴力的理想。他们说：“我们将逐渐达成无暴力的状态，到那时心理就完全没有暴力倾向了。”但这需要时间，也许得花上十年，甚至一辈子才能达到这种状态，可是在此过程中你一直都是暴戾的，你一直都在种下暴力的种子。因此必定有一个方式可以立即止息暴力，不必透过时间，不必透过分析而达成，否则我们人类就注定要暴戾一辈子了。同样的道理，恐惧是否也能彻底止息？心能不能彻底从恐惧之中解脱出来？不是等到生命终结时，而是现在？

我不知道你有没有问过自己这样的问题，如果你曾经问过，你可能会说“这怎么可能达得到？”或“我不知道该怎么去做”，因此你一直活在恐惧中，你一边带着暴力倾向在生活，却又一边想培养勇气，或者去抗拒它、压抑它、逃避它，追求某种非暴力的理念。其实所有的理念都是愚蠢的，因为当你在追求某种理念或理想时，你就是在逃避真相，而当你在逃避真相时，就不可能了解真相是什么了。因此若想了解恐惧，第一件事就是不逃避，这可以说是最困难的一件事了：不试图借由分析来逃避它，也不试图借由喝酒、上教堂或其他各种的活动来逃避它。其实不论是借由酒精、药物、性交或上帝来逃避，本质上都是一样的。因此我们能不能停止逃避，这是在了解恐惧和解除恐惧的过程中首先必须认清的一件事。

自由需要极高的纪律

你们知道吗？对大部分人而言，自由并不是我们真正想要的东西，我们只想从某个特定的事物之中解脱出来，例如从当下的压力或强求之中解脱出来。然而自由是截然不同的一种东西，自由并不是为所欲为，做自己喜欢做的事——自由需要极高的纪律，但不是军人的那种纪律，不是压制或臣服式的纪律。“纪律”这个词意味着觉察，这个词的词根指的就是觉察，若想觉察某个东西——不论是什么东西——势必需要一些纪律，而觉察本身就是一种纪律，并不是先建立起纪律然后才去觉察什么。其实觉察的活动就是纪律，它能帮助我们摆脱所有的压抑和模仿。因此你能否从恐惧之中解脱出来，从宗教与国家民族的界分、我的家族与你的家族之间的界分解脱出来？

当你认出恐惧时，你会发现它是个很可怕的东西，它会让一切事物变得暗沉，你的心会失去清明度，看不见人生的真相是什么，或者真正的问题是什么。因此我认为，首先我们必须问自己，我们是否真的能从恐惧之中解脱出来，包括生理与心理的。当你的身体面临危险时你会产生反应，这是一种本能智慧，这并不是恐惧，否则你很可能会让自己毁灭掉。然而当心理上产生恐惧——对未来、过去以及当下的恐惧，智慧就

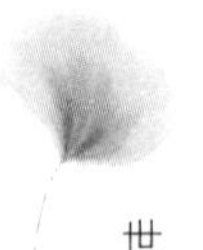

无法运作了。如果我们探入内在的恐惧，往往会发现我们的整个社会结构就是奠基在享乐主义之上的，因为大部分人都在追求享乐，但只要人们追求享乐，就一定会滋生恐惧。恐惧与享乐是如影随形的。这是很明显的一件事。

但心要如何从恐惧之中解脱出来，清晰无误地去看每一件事？我们要弄清楚的是，心是否能彻底摆脱恐惧，你们了解这个问题吗？我们已经把恐惧视为一种生活方式了，就像我们接受了暴力与战争一样。我们有过成千上万的战争，却同时高声倡导和平，其实我们每天的生活就像是一场战争，里面全是冲突，而且我们已经视其为不可避免的事。我们从未问过自己：人是否能活在彻底的祥和之中，没有任何形式的冲突。就因为我们心中存有矛盾，冲突才会出现。这是很显而易见的事。我们心中有许多自相矛盾的欲望与相互对立的要求，而这一定会带来冲突。我们已经把这些事视为存在的一部分，而且是无法避免的，我们从不质疑它们。

解放恐惧的心

我们必须解脱所有的信念，也就是所有的恐惧，这样才能发现所谓的实相或无时间性的境界是否存在。若想弄清楚这件事，你的心就必须从恐惧、贪婪、妒忌、野心、竞争性以及残忍之中解脱出来，如此你的心才能清明，没有任何矛盾，没有任何纷扰。这样的心才能安详，而只有安详的心才能发现那个无法言喻的、永恒的东西。可是你又不能透过任何修炼或锻炼来达成静心，只有当你的心自由了——从焦虑、恐惧、残忍、忌妒之中解脱了出来，心才能真的安详。因此心能不能自由自在——不是在十年或五十年后逐渐达成，而是当下立即解脱?

我不知道你问自己这个问题会得到什么解答? 你的回答是可能，还是不可能? 如果你的回答是“不可能”，那么你就阻断了往下探索的可能性；但如果你说可能，这个回答仍然有危险性。你只能检视所有的可能性，才知道什么是不可能的，对不对? 我们现在是在向自己提出一个极为重要的问题:“受到数个世纪以来的政治、经济、气候或宗教影响的心，能不能立即改变? ”还是，它必须经过漫长的时间不断地分析、检查、探究、追寻? 我们的制约之一就是我们已经接受了时间这个东西。我们认为只有透过时间才能改革与突变。我们必须彻底改变，这才是最大的革命——不是扔原子弹互相残杀。最大的革命就是心能不能当下立即转化，变得截然不同。也许你会说这是有可能的。如果你能面对这个问题而没有任何逃避，那么你就会从不可能之中发现什么是可能的。但如果你不了解什么是不可能的，你就不能问什么是可能的。你们了不了解我在说些什么? 我们现在问的是，一颗充满着恐惧、受制于暴力与侵略性的心，能不能立即转化? 然而只有当你了解了分析是徒劳无益的，才能提出这个问题。分析暗示着有一个分析者的存在，不论是专业分析师或是你自己。当你在分析自己时，会涉及好几样东西，首先，分析者真的有别于他所分析的东西吗？很显然，分析者就是被分析的对象。分析者与他要分析的那个东西是没有差别的，我们忽略了这一点，所以才会进行分析。我说："我很生气，我正在忌妒。"因此我开始分析自己为什么会忌妒，促成忌妒、暴力、愤怒的原因是什么。但这个分析者就是他所分析的东西的一部分，观者即是被观之物，如果你认清了这一点，并且发现这是徒劳无益的事，你就永远无法再分析了。了解这一点是非常重要的——不是字面上的了解——字面上的了解并不是真正的了解。那就像是听进了一堆的话语，然后说："我了解了这些话。"果真发现这个分析者、观察者即是被观之物，便是发现了不得了的实相；其中没有分析者与被分析之物的区分，因此冲突就不见了。冲突会存在，就因为分析者有别于被分析之物，冲突往往存在于界分之中。你了解我的意思吗？也许等一下你们会提出自己的问题。

自由的心没有冲突

我们的人生就是一个战场，里面充满着冲突，但是一颗自由的心是没有冲突的，而且解脱冲突的方式就是去观察这个分析者、思想者或观察者究竟是怎样的事实。譬如恐惧出现了，于是观察者说“我在害怕”——请仔细地听我说，你将会发现其中的美——因此观者与被观之物之间存在着一种界分。然后观者对自己说“我必须变得不一样”，或“恐惧必须止息下来”。接着他开始寻找恐惧的原因。然而观者即是被观之物，分析者即是被分析的对象，当他洞察到这一点时，恐惧就会产生彻底的改变。

先生，这并不是什么神秘的东西。你很害怕，你心中有暴力，你掌控别人或被人掌控。让我再举一个更简单的例子，假设你正在忌妒，那么这个观者与他所谓的忌妒有任何差别吗？如果有差别，他就可以对忌妒采取某些行动，而这份行动就会变成一种冲突。但如果这个正在感觉忌妒的存有与忌妒是同一个东西，那么他能够做什么呢？如果我正在忌妒，只要忌妒与我是有差别的，我就会处在冲突之中，但如果忌妒就是“我”，它与我是没有差别的，那么我会怎么样呢？我会说“我正在忌妒”。这便是眼前的事实。我既不逃避它，也不试图压抑它或寻找任何托词。因为不论我做什么，都是某种形式的忌妒。这么一来会发生什么事呢？这种静止的状态其实就是彻底的解脱行动。不对忌妒采取任何反应，就是忌妒的止息。你们了解我的意思吗？我们有没有真的在交流？（听众：有。）

不要立刻说“有”。这是很难办到的一件事。（听众的笑声）你们一旦领悟了这一点，就永远不再忌妒

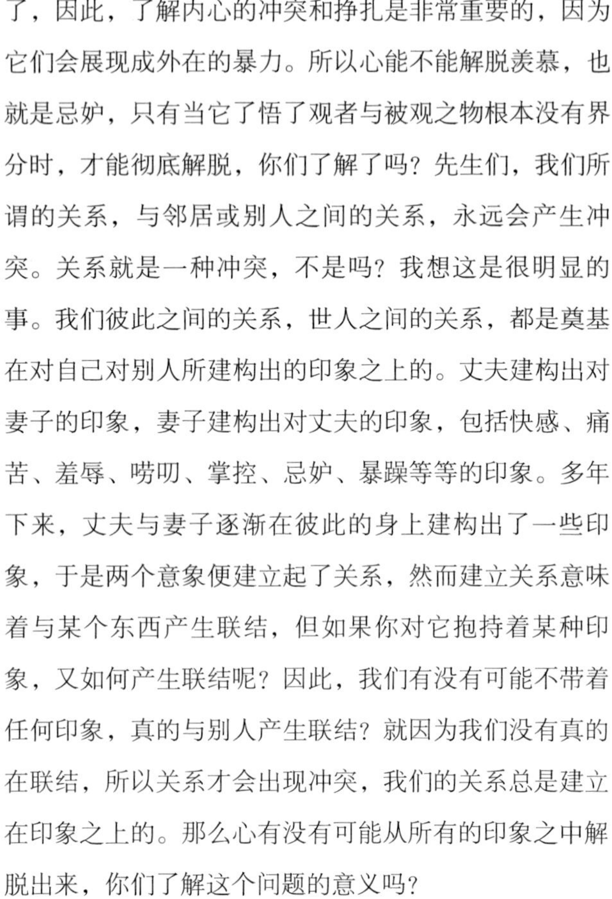

了，因此，了解内心的冲突和挣扎是非常重要的，因为它们会展现成外在的暴力。所以心能不能解脱羡慕，也就是忌妒，只有当它了悟了观者与被观之物根本没有界分时，才能彻底解脱，你们了解了吗？先生们，我们所谓的关系，与邻居或别人之间的关系，永远会产生冲突。关系就是一种冲突，不是吗？我想这是很明显的事。我们彼此之间的关系，世人之间的关系，都是奠基在对自己对别人所建构出的印象之上的。丈夫建构出对妻子的印象，妻子建构出对丈夫的印象，包括快感、痛苦、羞辱、唠叨、掌控、忌妒、暴躁等等的印象。多年下来，丈夫与妻子逐渐在彼此的身上建构出了一些印象，于是两个意象便建立起了关系，然而建立关系意味着与某个东西产生联结，但如果你对它抱持着某种印象，又如何产生联结呢？因此，我们有没有可能不带着任何印象，真的与别人产生联结？就因为我们没有真的在联结，所以关系才会出现冲突，我们的关系总是建立在印象之上的。那么心有没有可能从所有的印象之中解脱出来，你们了解这个问题的意义吗？

我会说明为什么这是可能的。不要只在字面上接受这个说法，实际去做做看，你就会发现关系真正的意思是什么了。世上最非凡的一件事就是与人产生真正的联结，然后我们就不再有痛苦或冲突了，但这个会在总统、妻子、邻居或上帝身上建构出某种形象的机制到底是什么？我们对自己或对别人建构出的印象的本质是什么？假设我结婚了，我往往会在我的妻子身上建构一些印象，譬如她曾经说过的话，做过的事，她在性上曾经为我带来的欢愉或其他的感觉，还有她带给我的恐惧，她的唠叨及掌控性。日复一日地，我逐渐在她的身上建构了一些印象，而她也在我的身上建构出一些意象。这是一个事实而非假设，于是我现在问自己：我能不能摆脱掉这些印象。不论别人对你说了什么——也许是愤怒的话、忌恨的话、烦躁的话、奉承的话或是羞辱的话——你都能彻底安静地去觉察它，这样不论别人奉承你或羞辱你，你都可以洞察到其中的事实，如此一来你就能从其中解脱出来。这意味着你的心必须是全神专注的，这样它就不会把某个痛苦或快乐的经验记录下来，形成一种印象。也就是当丈夫或妻子说了某句令你愉快或不愉快的话时，你都要全神专注地倾听。那份无拣择的觉察及专注力会带给你观察的自由，让你洞察话语中的真相或不实之处，然后心就不会把它们存留下来变成一种记忆。我不知道你们有没有尝试过这件事？也许从来没有过。当心变得极为活跃、警醒及敏感时，关系——人生最大的问题之一——就会出现截然不同的意义。关系本是不带着任何印象的爱与美。我们或许会说“我爱你”，但其实心中并没有爱。爱是截然不同的一种东西，爱既不是快感，也不是欲求。若想了解爱，就必须了解什么是快感，而快感总是伴随着恐惧与痛苦——你不可能拥有这个，撇掉那个。

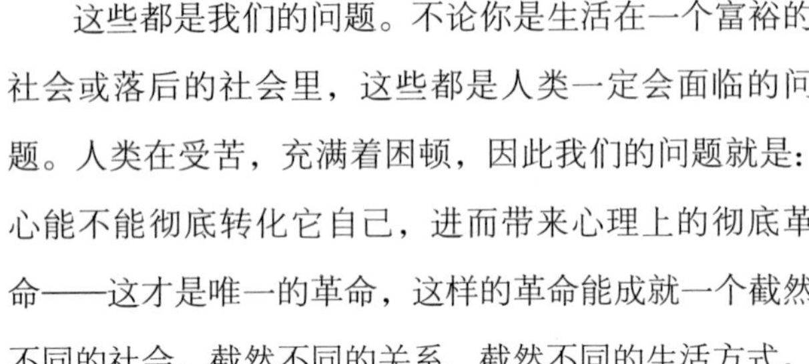

这些都是我们的问题。不论你是生活在一个富裕的社会或落后的社会里，这些都是人类一定会面临的问题。人类在受苦，充满着困顿，因此我们的问题就是：心能不能彻底转化它自己，进而带来心理上的彻底革命——这才是唯一的革命，这样的革命能成就一个截然不同的社会，截然不同的关系，截然不同的生活方式。

你们现在想不想提出问题？最难的事之一就是提出正确的问题。我们有成千上万的问题需要提出来，我们必须质疑每一件事。我们不该臣服或立即接纳任何事物，我们必须为自己去发现一些东西。我们必须自己去洞察真相，而不是借助别人的观点，但若想看到真相，心必须是完全自由的。若想找到正确的答案，必须先提出正确的问题，因为提出的问题如果是错误的，势必会得到错误的答案，因此提出问题是最困难的一件事，但这并不意味讲者在阻止你们发问。你们所提出的问题必须是深刻的，而且是极为认真的，因为人生在世本是一件极为严肃的事，能提出这类的问题，意味着你们已经在深入探索自己的内心了。因此，只有理智的心以及有自知之明的心，才能提出正确的问题，而问题本身即是答案所在。请不要笑这句话，这是最严肃的一件事，你们一向都指望别人来告诉你们该怎么去做。我们总想借别人的光来点亮自己的灯，我们从不想成为自己的光。成为自己的光，意味着必须摆脱所有的传统、所有的权威，包括摆脱掉讲者本身，这样我们的心才能真的去观察及觉知。觉知是最困难的一件事。因此提出问题还算简单，提出正确的问题以及得到正确的答案，就十分困难了。先生们，你们有任何问题吗？（听众的笑声）

问：今天我本来准备了一个问题，但是在听你讲话的过程中，我已经把它放弃了，因为我开始了解你想说的是什么了。本来我想问你有关甘地的事，我想知道你对他的看法是什么，不过现在我要提出另一个问题。

克：什么问题，先生？

问：这个问题对在场的听众也许有一点……

克：你喜欢问什么都可以。

问：当音响出问题的时候，后几排的人没办法听得很清楚，当时我心想，一位像你这样经验老到的人，应该知道该怎么办才对，但我不禁怀疑你心中是否也有残存的恐惧。

克：他现在问的是，当扩音器出现问题时，我的心中是否有惧怕的感觉？我为什么要惧怕呢？是机器出了问题，因此我为什么要考虑到自己呢？其实我怕的是什么恐惧都没有。（听众的笑声）你们知道吗？这位男士本来想问的是“你能不能说明一下你对甘地的看法？”或者“对X、Y、Z的看法”。其实只有蠢人才会提出对别人的看法。人为什么要对别人抱持某种看法，这实在是太浪费精力和时间了。我们为什么要在脑子里装满

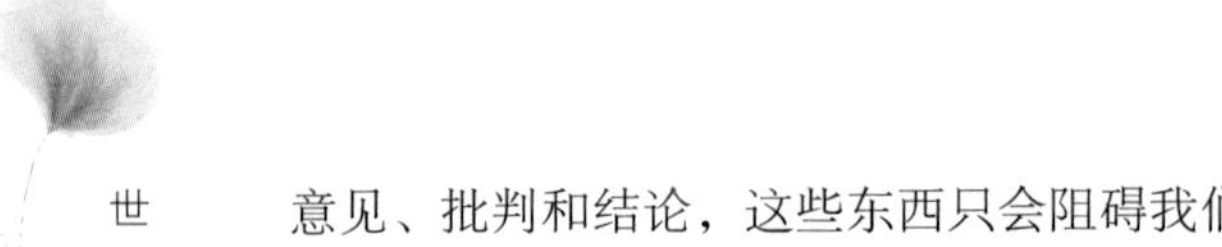

意见、批判和结论，这些东西只会阻碍我们的清明。我们的观察之中一旦有了结论，清明的品质就不见了。

问：当我们的心真的在觉知时，是清净的，不涉及任何思想的。它能感觉到内心正在进行什么，它能感受到另一个人的心中有没有恐惧，而不需要去思考对方在想些什么或做些什么。

克：发问者现在说的是——如果我的理解是正确的——“一颗能了知一切的心是什么状态？”能了知一切的难道是思想吗？这是不是你想问的问题？

问：是的。

克：让我们来探索一下，你们就会明白了。当我们说我们了解了某个东西时，那颗会说出“我了解”的心是处在什么状态。“了解”这个词可以有两种用法，首先我可以在字面上了解你在说什么，亦即我听到了一些话，而且了解了这些话的意思，因为你我所使用的都是英语，我们用某些字词来表达某些意思，然后我们说我们了解了这些字词。但是当了解真正发生时——这其实是一种带着感觉的作用力——当你说“我很清楚地了解了某个东西”时，其实你的全部神识都涉入了其中。

问：一种全然观照的状态。

克：现在让我们再深入一些。先生们，心如果没有结论，没有任何意见，它就能全神专注地聆听，然后他才能说“我了解了”。只有这样，真正的全然观照或了解才会出现，不是吗？我们现在问的是，那颗会说出

"我了解"而且能立即行动的心，是处在什么状态？很显然这样的心是完全安静的，其中没有任何意见，没有任何批判，也没有任何衡量。它是透过寂静在倾听的，只有这样我们才能了解某个东西，因为思想没有涉入其中。我们现在不去探讨思想是什么或思维的整个过程是什么，这会花掉太多的时间，而且场合也不对。很显然只有当心安静地倾听时，上述的事情才会发生。心在这里指的是你的神经系统、你的耳朵、你的神识等等，也就是你必须全神专注于对方。我不知道你们有没有注意过，每当你全神专注时，你的心是完全安静的，在那种全神专注的状态里，并没有一个我在那里觉察或注意。那种安静而又专注的状态就是一种冥想的境界。我们现在没时间去阐述"冥想"这个词的含意以及如何巧遇它，未来的几晚若是有时间，也许我们可以深入地探讨一下。

因此，当你全神专注地倾听某个人说话时，你不但是在听他的话语，同时也在觉知话语背后的感觉。你听到的是整体而非局部。

问：我发现你刚才说的话里面有很严重的矛盾。我想先从你说过的只有蠢人才会发表对别人的意见开始谈起。

克：这位先生说的是，我的那句话里面就含有意见和衡量的成分，而这跟我刚才所说的产生了矛盾。但我真的发表了任何意见、结论或批评吗？我只不过是在说：请看看事实是什么，这并不是我的事实或你的

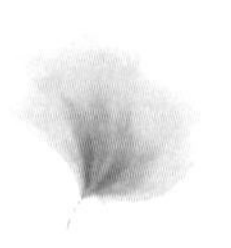

事实，而是整个人类都是暴戾的这个事实。这并不是一种意见，这是一个事实。人类是一种充满着恐惧的动物，这是一个事实。人是善妒的，而且经常活在冲突中，他的人生就是一场战争，等等。这些都不是意见，也不是批判，而是我们每一个人心中真正在发生的事。但如果你去说明它，并且在上面加诸你的偏见和结论，就是在提出意见了。我们所关心的只是事实而已。

问：我有一个问题现在必须提出来。觉知的基础到底是什么？你说过这是很困难的事。你发现你正在进行一项很难的差事。如果不运用意志力和信心，你的行动还有什么基础，要如何持续下去？

克：我想我了解你的意思是什么。发问者说的是"什么是觉知，觉知跟行动有差别吗"？先生，这是不是你要问的？

问：不，我的问题是：你所从事的这项活动是攸关生死的。你要如何在你的生命中找到这股力量。来从事某个能够让你存活下去的特定工作？

克：我了解了。你的意思是在何处能找到这股能量——我采用的是不同的说法——在何处你能找到这股让你正确存活下去的能量？对不对？

问：是的。如果你的行动是出于无界分的自性，那么你就不需要运用意志力，行动自然会产生。

克：一点也不错。

问：（没有被记录下来）

克：先生，我了解。就是这个问题：你如何能不运用意志力而活——没有任何矛盾，没有任何对立。你如何能毫无冲突地活着而同时又能立即行动？

问：是的。你可以选择死亡。

克：你不能选择死亡，你必须活着……

问：问题就在于怎么去做了！

克：等一等，先生。提问者问的是：方法是什么，我能学会什么方法来帮助自己活得毫无矛盾，活得积极，随时处在觉知的状态里。这是不是你的问题？首先，我们所谓的觉知到底是什么？我现在不是在提供意见，我是在观察事实。觉知是不是一种累积知识的过程，然后我再从这些知识中采取行动？也就是说，我储存了许多的经验和记忆，然后我从其中采取行动？还是，觉知乃是一种不累积任何东西的认识过程，而且觉知就是一种行动？让我们慢慢地探讨。并不是我先学会了某个东西，然后再按照我已经学会的东西来采取行动，而是学习就是一种行动。学习跟行动是没有分别的。你想知道该如何练习面对恐惧，或者该如何生活。但如果你借由一个方法来告诉自己如何生活，就是在臣服于别人创立的某种方法。这么一来你就不是在觉知了，你其实是在臣服，而且是按照某个程序在行动。这根本不是行动而是模仿。因此你如果觉知了某个方法及体系的内容，自然会把这个方法及体系放到一边去，然后你就能察觉自己正在做什么，这份对人生

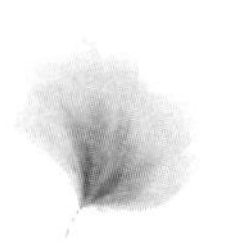

的觉察便是真正的行动，我有没有把话说清楚？其实生活、觉察及行动是无法分开来的三样东西。

问：我不明白为什么分析是有害的事，这是一个很难了解的观点。

克：听了一个半小时的演讲，难道不累吗？

问：一点都不累。

克：一点都不累，为什么？（听众笑了起来）等一等，先生，你为什么不觉得累？如果你一直在用心聆听——我不是在批判你——你应该已经累了，对不对？

问：我不这么认为。

克：先生，讲者一直在努力地解说，要想跟得上他，你也得付出一些努力才行。并不是“他在讲而你在听”。其实我们是在共同探索以及认识自己、认识这个世界，并且认清我们跟世界的关系是什么。你们坐在那里跟着我探索了一天，很显然你们的心已经累了，但是没关系，让我再深入地谈一下这个问题，然后我们就可以结束了。

讲者说过，分析这个活动暗示着好几样东西——很显然时间是其中的一样东西。分析暗示着要花好几天的时间来达成这件事。第二，分析者必须非常仔细地分析，否则他很可能会出错。若想正确地分析，就必须摆脱掉所有的偏见、结论或恐惧。如果在过程中产生了扭曲的观点，那么这个分析者只会制造出更大的局限。同时我们也解释过，分析者与被分析之物是没有区别的。你一旦了解了这一切——时间、分析的过程、你所下的决定、可能会阻碍你继续清晰分析的结论，以及认清分析者即是被分析的对象——一旦认清了这一切，就永远不会再分析了。你如果不再分析了，就能直截了当地看事情，因为眼前的问题会变得非常急迫而强烈。这就像有一个人抱持着非暴力的理念，他所关心的只是如何变得不暴戾，而不是如何从所有的暴力之中解脱出来。我们关心的乃是在当下立即从暴力之中解脱出来，而不是明天才去做这件事。

如果我们观察“分析”的整个过程——心理分析已经变成了时尚——并且认清了它所暗示的一切，不只是字面上而是深切地认清了这一点，那么你自然会拒绝它。当你否定了某个错误的东西之后，就能自由地观察，然后你就会看到真相是什么，但你必须先否定那个错误的东西。

二、从制约中解脱出来

献身之前，先认清人生真谛

我们谈到世上各种的失序现象，包括内在与外在的，也看见了所有的不幸、饥荒、战争、仇恨及暴力，有许多人一定会问我们该怎么办？面对这些乱象，你我到底该怎么办？当我们提出这个问题时，我们会觉得必须致力于某种政治或社会性的改革行动，或者在宗教上进行某种追寻及探索，我们会觉得我们必须献身于某种东西，世界各地都有人把献身看成极为重要的事。人们要么变成一名激进分子，要么从社会的混乱中退缩下来，去追寻一个梦想。我认为完全不献身于任何一种东西是非常重要的事，这样我们才能认清人生的整个结构和本质。因为当你献身于某种东西时，你所献身的只是生命的某个局部，而这个局部会变得过于重要，然后就会制造出界分，但如果你彻底而完整地去了解人生的所有问题，那份行动就是截然不同的。它不仅是一种内心的解脱行动，同时也是外在的行动，它跟人生的所有问题都相关。热衷于生活，意味着与人生所有的问题产生彻底的关系，对心里的每一个念头及感受都完整地加以了解。如果一个人能彻底涉入于人生而不特别献身于它的某个部分，那么你就会发现生而为人真的能做些什么了。

关系就是人生

对我们大部分人而言，行动都是源自于理念。首先我们会有该怎么去做的理念，理念指的是意识形态、概念或公式，一旦形成该怎么去做的公式，我们就会按照那个理念来采取行动，因此其中永远有一种分别意识，同时你所抱持的理念与你的行动之间一定会有冲突。由于我们心中充斥着一连串的冲突与挣扎，因此不得不问自己能不能完整地涉入于生活中，而不需要跑到寺庙里离群索居。

不可避免地，这又会带来另一个问题：到底什么是关系？人与人的关系本是整个生命的重点，如果一个人完全活在孤立状态，不跟任何人产生关系，生命就终止了。人生本是不断在进行的关系，去了解关系是什么，并且停止关系中的冲突，才是我们最重要的议题。也就是要看看人能不能在内心与外在活出祥和的品质，因为只有这样，行为才能合宜，而我们关切的就是自己的行为举止，也就是行动。你可能会问："面对人生的困惑、战争、仇恨、烦恼及痛苦，个人能做些什么，才能为世界带来转变、改革、崭新的观察及生活方式？"但如果问的是"我要做些什么才能影响世界的困惑与失序"，就是一个错误的问题。因为当你提出"面对这份失序，我该怎么办"这个问题时，你已经给了一个答案，其实你什么也不能做，因此这是一个错误的问题。

但如果你关切的不是如何解决人生的不幸，而是如何活出截然不同的生命形态，那么你就会发现你跟人、整个社群、整个世界的关系都在改变。因为身为人的你和我便是这整个世界——这不只是一种说辞而是真正的事实：你和我就是这整个世界，你的思想、你的感觉、你的痛苦、野心及羡慕，你所陷入的一切困惑，就是整个世界的内容，而这个世界必须改变，产生一种根本上的变革。我们不能再按照旧有的模式，活在中产

阶级的平庸生活里，日复一日地漠视周遭正在发生的事。如果你和我能够彻底改变，那么我们无论做什么都是合宜的，这样你就不会为自己的内心及外在世界带来冲突，而这才是真正的问题所在。这也是讲者今晚想与你们探讨的问题，因为正如我们所说的，一个人如何在日常生活里为人处世——不是在某个重大的危机出现时，而是在日常生活里——才是最重要的一件事。关系就是人生，而关系是永远不停地在变化的。

因此我们的问题是：你和我如何在根本上产生变化，这样你明天早上醒来时就会是一个截然不同的人，能够面对任何一个眼前的问题，立即解决它，而不把它变成一种负担。这样你的心中才会有大爱，才能看得见山丘的美与水面的光影。若想产生如此的改变，显然你必须先了解自己，因为真正的自知之明乃是世上最重要的一件事。

从问题中解脱

你知道吗？当你去面对所有的问题时，就会被深深地撼动。不是只被表面的辞藻或描述所撼动，因为文字并不是最真实的东西，描述本身并不是那个被描述的对象。当一个人真的去观察自己的真相时，如果不是陷入绝望——因为他认为自己是丑陋的、不幸的、没有希望的，那么就会以毫不批判的态度来观看自己。以毫不批判的态度来观看自己是最重要的一件事，因为这是唯一的一种可以了解自己、认识自己的方式。在客观地觉察自己的过程中——这不是一种自我中心、自我孤立、脱离整个人类或另一个人的活动——你会发现自己有多么的受制：被经济上的压力、自己生活的文化背景、气候、饮食、所谓的宗教组织所影响。这份制约是深入于我们内心深处的，因此我们要问的是我们能不能从其中解脱出来，因为人若失去了自由，就会变成奴隶，然后就会活在永不停歇的争战与冲突中，而这已经变成了人们默认的生活方式了。

我希望你能把讲者的话听进去，不是只听字面的意思，而是利用这些话作为观察自己的一面镜子，然后讲者和你之间的沟通就会变得完全不同。这样我们就是在面对事实，而非提出一些假设、论断或意见，我们就是在共同关怀心如何能不受制，并且彻底改变的问题。如同我们所说的，只有当我们觉察到关系的真相时，才能了解自己。单凭关系的互动，我们就能觉察到自己，所有的制约、所有的反应都会暴露出来。因此在关系之中你可以觉察到自己的真实状态，一旦真的去觉察，我们就会发现恐惧这个巨大的问题。

你会发现心永远都在追求安全感和确定性。一颗安全的心往往是低俗的，但也是我们大部分人想得到的一种东西：变得彻底安全。然而在心理上并没有这么一种东西。观察一下外在发生了什么事——观察它是很有趣的事——你会发现每个人都想活得安全，得

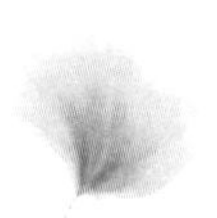

到安全感，然而在心理上人们却做尽了一切摧毁它的事，这是很显而易见的现象。只要有国籍和拥有独立主权的政府，以及它们的陆军与海军等等，就一定会有战争。可是在心理上，我们都接受了我们是隶属于某个特定团体、特定国籍、特定意识形态或特定宗教信仰的现实。我不知道你们有没有观察过宗教组织为世界带来了多大的灾害，造成了多大的分歧。假如你是天主教徒而我是新教徒，那么对我们而言，标签就比真实的爱、善意及情义更重要了。国家造成了我们的分裂，国籍为我们带来了界分，我们可以观察到这种界分，而这就是会带来恐惧的一种制约。

因此我们现在要探索如何应付恐惧这个问题，除非我们能解除恐惧，否则我们会一直活在暴力及黑暗中。

解除恐惧的关键

一个没有恐惧的人是不会有攻击性的，一个没有任何恐惧的人，就是真正自由而祥和的。身而为人，我们必须解决这个问题，因为我们若是不解决它，就不可能活得正确。除非一个人了解了行为举止之中所涉及的美德——你也许会对这个词嗤之以鼻——而且除非你已经彻底摆脱了恐惧，否则心根本无法发现什么是真理，什么是至乐，什么是超越时间的境界。只要心中有恐惧，你就会想逃避，而这种逃避倾向是十分不成熟与荒谬的，因此我们都有恐惧这个问题。那么心能不能彻底解除掉它，包括显意识以及所谓的无意识或心智的深层次的恐惧？这便是我们今晚要探讨的问题，因为如果不了解恐惧这个问题，也无法解除它的话，心是永远无法自由的，只有活在自由之中，你才能探索及发现。解除掉恐惧是一个非常重要的关键，因此我们不能不深入地探讨一下。

首先请注意，描述的本身并不是被描述的事物，因此不要掉进语言的陷阱里。语言或描述只是一种沟通工具罢了，如果你落入它的陷阱里，就无法深入下去了。我们得不断地觉察语言的含意，同时还得了解它们并不是真实的东西，然而恐惧究竟是什么？我希望我们能一起探索，不要听听就算了，真的涉入其中，彻底地去经验它。因为这是你们的恐惧而不是我的。我们是在共同探索恐惧这个极为复杂的问题，如果你们不了解它，不从其中解脱出来，就不可能有真实的关系：关系会停留在冲突、不幸和困顿中。

那么恐惧到底是什么？譬如你可能会害怕过去、现在和未来将要发生的事。恐惧一定涉及时间。你害怕死亡，死亡是在未来发生的，或者你害怕某个已经在发生的事，或是你害怕曾经有过的病痛。请仔细地听下去。恐惧暗示着时间：你害怕某个东西——以前曾经发生过的某种痛苦。你怕未来将会发生某件事，或者你怕当下发生的事，这一切都涉及时间。从心理层面来看，若是没有昨日、今日和明日，就不会有恐惧

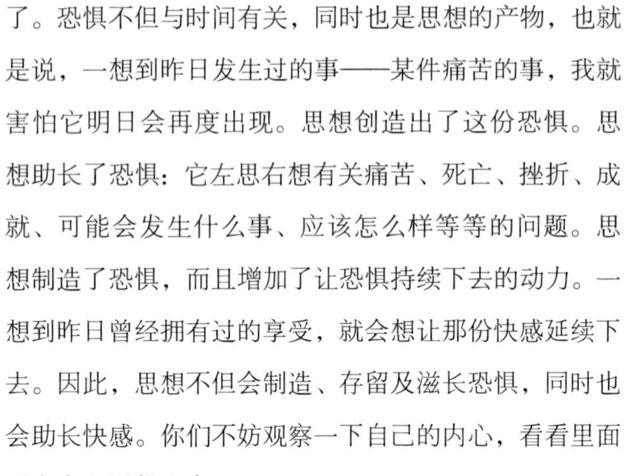

了。恐惧不但与时间有关，同时也是思想的产物，也就是说，一想到昨日发生过的事——某件痛苦的事，我就害怕它明日会再度出现。思想创造出了这份恐惧。思想助长了恐惧：它左思右想有关痛苦、死亡、挫折、成就、可能会发生什么事、应该怎么样等等的问题。思想制造了恐惧，而且增加了让恐惧持续下去的动力。一想到昨日曾经拥有过的享受，就会想让那份快感延续下去。因此，思想不但会制造、存留及滋长恐惧，同时也会助长快感。你们不妨观察一下自己的内心，看看里面到底发生了什么事。

譬如你有过一次所谓的快感经验。而你很想重温那份滋味，或许是性或其他任何一种经验。一想到那个曾经带来快感的东西，你就会想让那份快感延续下去，因此，思想不但得为恐惧负责，也得为快感负责。你看到了这个真相，你发现思想确实会让快感延续下去，同时也会助长恐惧。思想同时助长了恐惧与快感，这两者是没有分别的。只要你还在追求快感，就一定会有恐惧，因为它们都是思想的产物。

请记住我不是在企图说服你们，也不是在搞宣传或传教。但愿不是这样！因为传教其实是在骗人。如果有人企图说服你们接受任何东西，千万不要被说服，我们要面对的东西比被人说服或提供意见及论断要严肃多了，我们是在面对实相，面对事实，而你们已经观察到，事实是不需要意见的。如果你有观察力的话，事实就摆在眼前，根本不需要别人告诉你。

思想永远是老旧的

因此，我们发现思想会延续和助长恐惧及快感。我们希望快感能延续下去，我们想要更多的快感。对人类而言，最终极的快感就是去发现是否有一个永恒的天堂或上帝，对他而言，见到上帝便是最高形式的快感。观察一下你就会发现，所有被社会认可的道德都是不道德的，它们都是奠基于快感与恐惧、奖赏与惩罚之上的。你若是看到了这个事实，也许就会质疑："思想有没有可能停止下来？"这个问题听起来有点疯狂，其实并非如此。昨日你去看夕阳，你发现山丘全都被灿烂的晚霞照亮了，那份美与光辉带给你极大的喜乐，但是你能不能彻底地享受它，然后就此打住，这样思想就不会把这份感觉延续到明天？如果真有恐惧这个东西的话，那么人能不能面对恐惧？只有当你了解了思想的整个结构及本质之后，这件事才有可能发生。因此我们要问的是："思想到底是什么？"对大部分人而言，思想已经变得过于重要了，我们从未发现思想永远都是老旧的，思想不可能是新颖的，也不可能是自由的。我们时常谈到思想自由这件事，可是这根本是胡说，其实这句话指的是你可以为所欲为，畅所欲言，但思想本身从来就不是自由的，因为思想本是从记忆之中产生的反应。亲自去观察一下就知道了，思想就是从记忆、经验

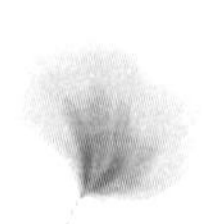

及知识中产生的反应，但知识、经验及记忆永远都是老旧的，因此思想也永远是老旧的；思想永远无法看见新的东西。那么，心能不能看着恐惧而没有思想的干预？你们了解吗，先生们？

譬如我在恐惧。我恐惧的是以前曾经做过的事，如果彻底地去觉察它而没有思想的干预，还会有恐惧吗？如同我们所说的，恐惧是透过时间产生的，时间就是思想。这既不是一种哲学，也不是一种神秘经验，只要观察自己的内心，就会发现这个事实。你会发现思想必须客观地、有效地、合乎逻辑地、健全地运作。当你去上班或做任何事的时候，思想必须顺畅地运作，否则什么事也做不成了。然而思想一旦助长及延续了快感及恐惧，就会变得不顺畅，如此一来思想就会在关系之中制造冲突。因此我们要问的是，思想有没有可能一方面发挥它最大的功效，一方面又能完全静止下来。我们关心的是，观赏落日之美时，思想能不能完全消失。只有这样你才能看见落日之美。你会发现你在观赏落日时，思想完全消失了。你看着山头非凡的霞光，那是一种极致的喜悦，在那一刻，思想是无立足之地的，但下一刻思想却开始说：“这真是太美了，我真想把它画下来，我想为它写一首诗，我希望我能告诉我的朋友它有多美。”或者思想可能会说：“明天我想再看到这落日的美景。”如果明天你不能再看到它，就会产生痛苦。这是非常显而易见的事，但就因为它太明显了，所以很容易被忽略。

我们都想变成聪明绝顶的人，我们读了那么多的书，满脑子都是学识，人类的整个心理历史（不是谁做过皇帝，历史上出现过什么战争，或者建立了什么国家之类的荒唐事）都在你的心中，只要向内阅读一下，你就有所了解了。然后你会变成自己的光，如此一来就不再有任何权威，于是你就真的自由了。

思想能静止吗

因此我们的问题是：思想能不能停止干预？就是因为这份干预而制造出了时间感，你们了解了吗？拿死亡来说吧，死亡之中有极大的美，但若是有任何形式的恐惧，就不可能了解这份美。因为死亡可能在未来发生，而且是不可避免的，所以我们对它才会有极大的恐惧，因此，思想一触及恐惧，就会把它排除于外。我们的思想一念及过往的恐惧、痛苦、焦虑可能再度出现，就会感到害怕。我们全都深陷于思想制造出的灾害之中，但我们同时也明白思想有多么重要，譬如到办公室或从事任何技术性的工作，都必须运用思想及知识。从演讲一开始到现在，我们已经看见了思想的整个过程，于是我们问道："思想能不能静止下来？"我们能不能看着落日，完全涉入于其中的美，而不产生执着于那份快感的念头？请注意听我说。这样行为就会变得合宜，只有当思想不刻意去培养美德时，行为才能合乎

美德，因为刻意培养美德是丑陋而不神圣的事。美德跟思想与时间都无关，这意味着美德并不是快感和恐惧的产物，因此现在的问题是：我们要如何看着落日而不产生苦或乐的念头，我们能不能全神专注地看着落日，完全融入于其中的美，这样当你看完落日的时候，事情就结束了，你不会再产生渴望明天快感还能重现的念头？

我们有没有在彼此交流？真的有吗？（听众：有！有！）很好，我很高兴，但不要太快说“有！”（听众大笑）因为这是一个很难的问题。看着落日而没有思想的干预，是需要极大纪律的。不是臣服式的纪律，也不是压制之下的纪律。“纪律”这个词意味着“觉知”——既不臣服也不顺应——觉知思想的整个过程及其顺序。若想否决思想，就需要极深刻的观察，而观察必须是自由自在的。处在这份自由之中，我们会认清思想的活动，然后觉知就会变得活泼而生动。

“认识”与“看”

但我们所谓的学习到底是什么？我们去学校或大学上课，学到了许多知识，也许这些知识并不十分重要，不过我们还是学到了一些东西。然后我们又从这些知识之中产生行动，包括技术性的领域或意识的领域皆是如此。因此我们必须很深入地去了解学习到底是什么意思。“学习”这个词很显然指的是当下的一种活动，因此学习是永远在进行的一件事，但如果学习变成一种累积知识的手段，就是截然不同的另一回事了。譬如我从过去的经验中学到火会烧伤我的皮肤，这是一种认知，我已经了解了这件事，所以就不再靠近火了，我已经停止了学习。我们大部分的人都是这样在学东西的，并且从其中产生了行动。我们搜集有关自己和别人的一堆信息，进而变成一种认识；然后这份认识又会变成一种静止状态，而我们的行动就是从其中产生的，因此行动永远是老旧的，但学习却是截然不同的一种东西。

如果今晚你真的在注意聆听的话，你应该已经明白了恐惧与快感的本质，你对它们已经有了认识，然后你再从这份认识之中产生行动。我希望你能看见其中的差异。认识暗示着一种不间歇的作用力，你是不停地在认知的，而认识本身就是一种行动，行动与认识是没有区别的。但是对大部分人而言，行动与认识是分开来的，也就是说，我们先有一种意识形态或理想，然后再根据这份理想去行动，让行动接近于理想，因此行动永远是老旧的。

认识就像“看”一样，是一门惊人的艺术。当你看着一朵花时会发生什么事？你是真的在看那朵花，还是在透过一种既定印象去看它？这两种状态是截然不同的。当你看着一朵花或色彩时，你既不为它定名也没有好恶，你和眼前的这朵花之间没有任何屏障，没有任何念头冒出来，那么这朵花以及它的美就会变得格外惊

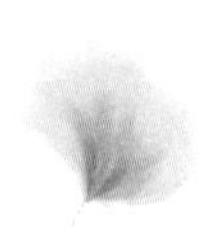

人。但如果你是透过植物学上的知识在看它，就可能会说这是一朵玫瑰花，这时你的观察就受到了限制。“看”与“认识”是一门惊人的艺术，你不需要进大学去学这门艺术，你可以在自己家里进行这件事。你可以亲自去观赏一朵花，看看你是如何在看它的。如果你很警觉、灵敏、活泼，那么你就会发现你和那朵花的界分消失了，当界分消失时，你会强烈地、真实地感受到这朵花！同样的道理，当你毫无界分地观察自己时（没有观者与被观之分），其中是没有任何矛盾或冲突的。一旦看见恐惧的整个结构，你就会同时看见快感的整个结构与本质。看的本身即是一种觉识，这么一来心就不会陷入快感的活动中，然后生命便有了截然不同的意义。你再也不会去追求快感了。

在提出问题之前请稍待一会儿。我想先问你们一个问题，你们从这次演讲中得到了什么？请不要立刻回答我。先弄清楚你们得到的是一些描述、概念、说法，还是一些真实的、无法被摧毁、无法被取消的东西。一旦有了亲身的体认，你们就会变成自己的光，如此一来就不再需要用别人的光来点亮自己的蜡烛，因为你们本身就是光。如果你们得到的不是一些虚伪的假设而是真实的体认，那么这类的聚会便是值得的。你们现在想提出问题了吗？

如同我们昨天所说的，你们提问题是为了弄清楚一些事，而不是要显示你们比讲者更聪慧。一个喜欢比较的人往往是缺乏智慧的，真正有智慧的人是从不比较的。在提出问题时，你们可能会暴露出一些真相让自己看到，这样你们就会有所认识，但你们也可能会提出一些问题来挫一挫讲者的气势——如果你们想这么做，我是完全欢迎的。不过你们也可以为了拓宽自己的视野、打开一扇门而提出问题。因此，一切都取决于你们将提出什么类型、什么品质的问题，但这并不意味讲者不希望你们提出问题。

问：当你注意到夕阳时，如果心中出现了一些念头，你该怎么办？

克：你该怎么办？请留意一下这个问题的意义。当你看着夕阳时，突然产生了一些念头的干扰，于是你说“我该怎么办”？然而那个在说“我该怎么办”的人到底是谁，那个在说“我该怎么办”的是不是念头本身，你明白我的问题吗？让我再换个方式说明一下。首先你看见了夕阳，发现了它的美、它惊人的色彩以及它带给你的感觉，于是你对它产生了喜爱，然后念头突然生起了，于是我对自己说：念头又出现了，我该怎么办？请仔细地听，深入探索一下。那个在说“我该怎么办”的不就是思想本身吗？那个会说出“我该怎么办”的“我”不就是思想的产物吗？因此，思想一旦发现干预这份美感的是什么东西，就会开始对自己说“我该怎么办”？

什么都不要办！（笑声）只要一有造作，你就会在其中制造冲突。如果在看夕阳时有妄念产生，就去觉察它。觉察夕阳同时也觉察当下产生的念头，不要驱赶念头，只要无拣择地去觉知这整件事：夕阳以及当下产生的念头，这样你就会发现只要如此去觉察而没有任何想要压抑念头的欲望，也不试图对抗念头的干扰，不去做这些事的话，念头就会变得非常安静。因为说出“我该怎么办”的，就是思想本身，其实这只是思想的把戏之一。不要落入陷阱中，只要观察正在发生的事的整个结构就行了。

问：我们看夕阳的方式已经受到了制约，聆听你演讲的方式也受到了制约。因此我们总是透过制约在看或听每件事。我们该如何从制约之中解脱出来呢？

克：你在何时会觉知到这份制约或任何一种制约？请稍微注意听我说。你什么时候会觉察到自己是受制的？你能否察觉身为美国人、印度人、天主教徒等等，都是一种制约？你能察觉自己是如此地受制，还是因为有人告诉了你，才察觉到这件事？如果你是因为有人指出你是受制的才觉察到的，那么这也是某种形式的觉知。但如果你在没有人告知的情况下察觉自己是受制的，那份觉知的本质就不一样了。假设有人指出你现在很饿，这是一种类型的觉知，但如果你真的感觉自己很饿，那就是另一种形式的觉知了。现在请试着弄清楚你的觉知是由别人告诉你的，还是因为你投入整个生活的过程，然后透过这份觉知你亲自发现自己是受制的。如果是后者，其中就会有活力，然后这整件事自然会变成一个你必须深入了解的问题。你不是因为别人告诉了你，而是因为你真的看见自己是受制的。你可能产生的明显反应就是想抛掉这份制约，如果你够理智的话。由于察觉到某个特定的局限，于是你反抗它，譬如目前这一代的年轻人就在做这件事——但这只是一种反应罢了。对抗某种制约，会形成另一种制约，你察觉到身为清教徒、民主党员或共和党员都是一种制约。如果你不对这份制约产生任何反应而只是觉知着它，那么会发生什么呢？当你毫无拣择地觉知这份制约时，又会发生什么呢？你就不会有任何反应了。这样你就能认识这份制约是怎么产生的。两千年来的传教已经使你相信了某种形式的宗教教条。你觉知到数个世纪以来的教会组织是如何透过传统、持咒、各种形式的仪式及娱乐活动，制约住了我们的心。从小到大我们日复一日地持咒诵经；或者我们接受了洗礼之类的宗教仪式等等。同样类型的事也发生在印度或其他国家里。

如果你已经察觉这些制约，会发生什么事？你会发现心很快就受到了影响，一颗年轻而柔软的心，很快便受到天主教或新教的制约，然而为什么它会受到制约，为什么它会被宣传所塑造？你了解我的意思吗？为什么你会被宣传说服而去购买某个东西，相信某个东西，为什么？你不但经常受到外界的压制，而且很想属

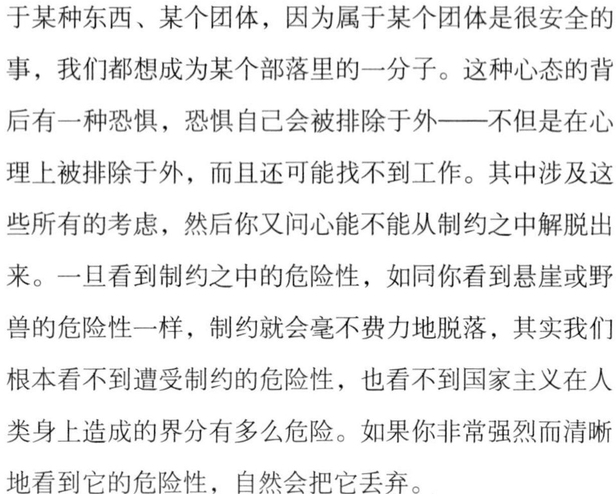

于某种东西、某个团体，因为属于某个团体是很安全的事，我们都想成为某个部落里的一分子。这种心态的背后有一种恐惧，恐惧自己会被排除于外——不但是在心理上被排除于外，而且还可能找不到工作。其中涉及这些所有的考虑，然后你又问心能不能从制约之中解脱出来。一旦看到制约之中的危险性，如同你看到悬崖或野兽的危险性一样，制约就会毫不费力地脱落，其实我们根本看不到遭受制约的危险性，也看不到国家主义在人类身上造成的界分有多么危险。如果你非常强烈而清晰地看到它的危险性，自然会把它丢弃。

接下来的问题则是：你有没有可能非常专注地觉察自己的制约以及自己的真相？不是去看你喜欢或不喜欢它，而是真的发现自己受到了制约。你发现自己的心根本没有自由，但只有自由的心才能懂得爱是什么。

问：是不是过去的一切都应该被当下的那股全然投入的热情烧光？

克：当下到底是什么？你知道那是什么吗？你说：“要活在当下。”许多知识分子也都在倡导这件事——他们倡导它，是因为对他们而言未来很凄凉（*笑声*）、无意义，因此他们说：“活在当下，尽情享受当下，彻底与它共处。”然而我们必须先弄清楚“当下”是什么，“现在”是什么？你知道什么是“现在”，什么是“当下”吗？真的有“当下”这个东西吗？请不要去推测它，观察它就够了。你有没有注意过“现在”是什么？你能不能觉察到“现在”，认出它是什么？还是你只认识过去，那个在当下运作并且会创造出未来的过去？你了解我的意思吗？当你说“活在当下”时，你必须弄清楚当下是什么，真的有这个东西吗？若想了解当下这个东西，你就必须了解什么是过去，而当你观察身为人的你时，你会发现自己完全是过去的产物，在你之内没有任何新的东西，你是老旧的。你是一个在看着当下、诠释当下的老旧历史。当下指的是从过往的一切挑战、痛苦、焦虑等种种反应之中解脱出来，而你看着它，变得非常恐惧，于是就想到了明天，如此一来便制造出了另一种快感——你就是这一堆东西的组合。了解“现在”是什么，乃是冥想中的大问题，其实这就是冥想。彻底了解了过去的一切，认清其中的重点是什么，并且了悟到它是完全不重要的，然后体察到时间的本质——这一切都是冥想的一部分。

也许我们可以在另一个晚上详加探讨，但是先生们，在你们进行冥想之前，必须有正确的基础，这意味着没有恐惧。如果有任何恐惧，包括隐藏的或明显的，冥想就可能变成一件最危险的事，因为它会提供极佳的逃避管道。了解什么是冥想的心，乃是最伟大的事之一。

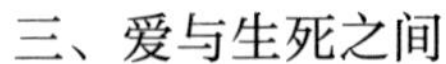

三、爱与生死之间

我们昨天讲到，我们关切的并不是理论、教条或哲学思辨，我们关切的乃是事实或真实发生的事。如果能毫不情绪化、毫不感情用事地去了解“眼前的真相”，我们就能超越它。这几天的演讲里，最重要的东西并不是其中的概念或是对概念的否定，而是如何涉入生活的复杂性之中，了解其中的绝望以及缺乏热情。“热情”这个词的词根意味着“痛苦”。但我们所采用的“热情”这个词并不是在暗示痛苦，也不是指与其相关的愤怒、嗔恨或抗拒，而是指当爱存在时油然而生的那股热情。今晚我们要谈一谈有关生、死与爱的议题。

生活是什么

我们所关切的不是表面的解说或描述，而是对这些议题的深度了解，这样我们才能彻底涉入其中，然后它们才会成为生活中不可或缺的东西，而不仅仅是一种理性上的认知。我们能不能观察、了解、并且认清“生活”的整个问题？我们能否真的领悟什么是生、死与爱——不是分析，也不是谈理论？去猜测那个超越一切的境界，在我看来是十分虚荣的事，而且一点价值也没有。若想了解生命的意义是什么，你就必须先检视“生活”是什么。世上的聪明人早已追求过那超越之境的意义，宗教人士也曾经说过人生只是达成某种目的的手段罢了。那些没有宗教倾向的人则说生命是毫无意义的，然后他们又根据自己的智识或局限而发明了某些意义。这些东西我们今天晚上都不会涉及。我们将要检视的是活着到底是为了什么——既不带情绪，也不感情用事——只是很真实地去认清它到底是什么。如果我们能看见生活的整体而非某个片面，我认为是非常有意义的事。也许在不为生活下任何定义的情况之下，我们将会看到它的美及浩瀚无垠。至于生活的美及其非凡的品质，只有在我们深刻地检视了它的内涵以及我们真实的作为之后，才能有深切的体认。若是不了解什么是生活，我们就不了解什么是爱或死亡。

我们在使用爱、死亡或生活这类字眼时，态度都太随便了——每个政客都在谈爱，每个传教士也都把爱挂在嘴上。爱与死亡，这两者都具有极大的重要性，我认为若是不了解死亡是什么，就不可能了解什么是爱。若想了解死亡是什么，你必须非常热切而深刻地去了解什么是活着，你必须自在地去检视它们，不带着任何希望。但这并不意味我们必须从绝望的状态去检视它们。一颗绝望的心很容易变成犬儒主义，背负着希望的心也无法妥当地进行检视，因为它已经有了偏见。因此去检视我们所谓的生活是什么，日常的活动是什么，必须具备清明的觉知而非思想：能够如实看到“真相”的一份清明度。认清“真相”的本身就是一种热情！对我们大部分人而言，热情一向源自于痛苦、愤怒、紧张或

嗔恨，或者热情总是跟享乐有关，最后往往会变成一种渴欲。这样的热情是无法了解生活的整个过程的。了解的本身就是一种热情，缺少了热情，你什么也不能做了，而智识上的热情并不是热情。若想检视生活的整个过程，不但需要极为清晰的觉知，还需要强烈的热情。

因此我们所谓的生活到底是什么？不是我们想要生活变成什么——这只是一种理想而非现实，这跟真相刚好是相反的。与真相相反的东西往往会制造出界分，而界分之中一定有冲突。因此若想检视生活是什么，就得彻底摒弃“应该怎么样”的概念，因为这是一种借由意识形态来逃避的态度，因此是完全虚妄的。我们只需要检视生活到底是什么。而检视的品质比检视本身更为重要。任何一个聪明人，只要具备某种程度的敏感度或敏锐度，都有能力检视问题。但我们的探索如果只是一种智识上的活动，就可能会丧失从热情、关怀与爱之中所产生的灵敏度。若想拥有这份清晰的品质，必须具备关怀、爱与热情，而这些都是被知识分子所否定的。我们必须对一般知识分子提出来的惯常见解保持警觉——允许我采用警觉这个字眼，因为描述绝非被描述之物，文字也不是那真实的东西。

生活是一种冲突

如同我们所说的，如果不了解生活是什么，我们永远不会了解死亡是什么，不了解死亡是什么，爱就会变成一种享乐，继而变成一种痛苦。然而我们所谓的人生到底是什么？当我们去观察日常生活里与人、概念、财物及各种事物的关系时，我们会发现里面充满着冲突。我们所有的关系都变成了一场战争及挣扎。从我们诞生的那一刻到死亡，生活的过程就是不断累积问题而从不去解决它们，然后被各种的问题拖累着。基本上，人生就是一场人对抗人的战争。因此生活就是一种冲突。没有人可以否认这一点，不论喜不喜欢，我们全都活在冲突之中。我们很想从这永无止境的冲突之中逃脱出来，故而发明了各种回避的方式——从足球到上帝。我们每个人不但背负着各种冲突，同时还有哀伤、孤独、绝望、焦虑、野心、挫折、彻底乏味的感觉，以及各种例行公事。偶尔我们的心中会闪现一些喜悦，然后心就会立即执着于这个非凡的东西，并且想再度拥有它，接着这份喜悦就会变成一份记忆或灰烬，而这便是我们所谓的人生。如果去检视一下自己的人生——不是理智层面的解释，而是真的去觉知——我们就会发现它有多么空虚了。试想我们花了四十或五十年的时间，每天上办公室、累积金钱来维持一个家以及其他的各种琐事，而这便是我们所谓的人生——其中包括疾病、衰老及死亡。然后我们又试图借由宗教、饮酒、广泛阅读、性或各种形式的娱乐，来逃避这悲惨的情境。不论我们发展出了多少理论、理想或哲学，这就是我们的人生。我们都活在冲突与痛苦中。

不要依赖任何人

我们为人生建构出了文化及社会，而这些东西却变成了一个陷阱。这个陷阱是我们建构出来的，我们必须为这个陷阱负责。我们可能会反抗这种建构出来的秩序，但这种秩序本来就是我们制造出来的。因此，一味地反抗是没有多大意义的事，因为你又会制造出另一种建构出来的秩序，另一种官僚体制。这一切，包括国家、种族、宗教的分歧、战争以及其中的血泪，便是我们所谓的生活，而我们都感到束手无策。面对这样的挑战，又不知道该怎么办，我们只好试图逃避，或者想找到一个可以告诉我们该怎么去做的人，譬如上师、老师或权威人物，一个将会告诉我们“注意看，道路就在这里”的人。

不论是老师、上师、圣人或哲人，都没有让我们走上正确的道路，因为事实上他们并没有解决我们的问题。我们的人生并没有什么不同。我们仍然是原先的那个悲惨的、痛苦的、不快乐的人，因此永远不要追随其他人，包括讲者在内。永远不要从别人那里学习到如何生活、如何行事，因为别人告诉你的都不是你的人生。如果你依赖另一个人，你将会被误导。但如果你否决了上师、哲人或理论家的权威性——不论是何种意识形态——你就会有能力观察自己，然后你自然会找到答案。但如果你依赖另一个人，不论他的智慧有多高，你还是会迷失。一个声称自己已经明白的人，就是还不明白，因此首要之事就是永不追随任何人，而这是很困难的事，因为我们不知道该怎么办，我们已经习惯于相信及追随别人了。

若想检视这个所谓的“人生”，就得把所有形式的臣服，想要找到可以指导我们的人的欲望，全都放在一边。一颗困惑的心如何能找到可以告诉我们真理的人呢？困惑的心只会依据自己的困惑来选择人。因此不要依赖任何一个人。如果我们依赖另一个人，就会有沉重的负担，由书籍和各种理论所带来的负担，这些都会造成巨大的重担。如果你能把它们搁置一旁，就能自在地观察自己，这样你就不会抱持任何意见、意识形态、结论，如此才能确实看见真相。然后你才能观察，才可以说：“人人都有的冲突到底是什么？”

当你亲自去观察的时候——我希望你不是在依赖讲者的话语，而是真的在观察——你就会发现，只要我们心中有矛盾，有相互对立的欲望，就会有冲突，只要“真相”与“应该怎么样”之间产生了对立，矛盾就会出现。“应该怎么样”乃是“真相”的反面，而“应该怎么样”往往是被“真相”塑造出来的。因此，相反的那个东西其实就是真相的一部分。生活本是一种冲突的过程，其中净是一些暴力，这便是真相与事实。其反面则是“无暴力”的理想，其中是没有任何冲突或暴力的。一个暴戾的人总是试图变得祥和，他也许得花上十

年或整个下半辈子才会变得祥和，但是在此期间，他一直在播下暴力的种子。因此，一方面存在着暴力这个事实，一方面又有一种无暴力的理想，处在这种矛盾之中，冲突就产生了：一个人试图变成另一种东西。如果你能放弃那个相反的东西，不企图变得祥和，那么你就能真的面对暴力，这样你就不会因为这份冲突而消耗掉能量，然后你就会拥有热情及足够的精力来发现什么是“真相”。

我有没有把话说清楚？你知道吗，沟通是很辛苦的事。其实交心比沟通更重要：我们彼此必须处在同样的层次，同样的节奏，一起去观察、觉知及发现，才能在这个问题上产生共鸣。因此我们不只是在建立沟通，同时还要在这个问题上产生共鸣。这可不是在搞宣传，我们不是在试图掌控你、说服你或影响你，我们只是在请你观察罢了。

真相比应该怎样更重要

我发现如果有对立性存在，就无法观察或如实看见真相，因为理想正是矛盾的肇因，就因为它而产生了冲突。如果你很愤怒，而你却说：“我应该不愤怒。”那么这“应该”一定会带来冲突，而愤怒与应该不愤怒的伪装便形成了界分。承认自己在生气，觉察到这一点，并且看见愤怒的内容，是需要很多能量的，这些能量往往会透过冲突以及对反面状态的追求而消耗掉。因此你能不能完全放下相反的那一面？要做到这一点很困难，因为反面不只是一种理想，同时也是衡量与比较的过程。若是没有任何比较，反面就不存在了。

你们知道吗？我们已经被训练成总是在不断比较及衡量的人，我们总是拿自己和英雄、圣人及大人物相比。若想观察到真相，心必须从各种的理想、比较及对立面解脱出来。然后你就会发现真相远比应该怎么样要重要多了。然后你才能拥有足够的能量及活力去放下反面所造成的矛盾。从比较的过程中解脱出来是需要纪律的，而纪律便是去了解对立面的徒劳无益。仔细地观察这一点，并且看到冲突的结构与整个本质，是需要极大纪律的。纪律意味着觉察，而我们现在就是在觉察——不是压抑，也不是企图变成什么，或试图去模仿、臣服于某个东西。这样的纪律是极为灵敏而富有韧性的。

对立面也是一种真相

现在我们每一个人都在检视着这份冲突，我们说它是从对立面产生的。对立面乃是真相的一部分，对立面也是一种真相。如果心无法了解或消除真相，就会逃到“应该怎么样”的理想之中。如果你把这一切都搁置一旁，那么心就能仔细地观察真相，也就是暴力（我们现在是在拿暴力做例子）。然而我们所谓的暴力究竟是什么东西？当暴力没有对立面的时候，也就是当你真的在面对愤怒这个事实，或者面对嗔恨的事实及感觉，那

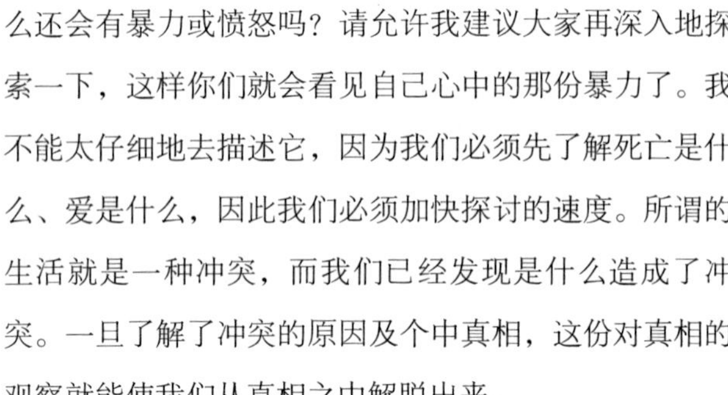

么还会有暴力或愤怒吗？请允许我建议大家再深入地探索一下，这样你们就会看见自己心中的那份暴力了。我不能太仔细地去描述它，因为我们必须先了解死亡是什么、爱是什么，因此我们必须加快探讨的速度。所谓的生活就是一种冲突，而我们已经发现是什么造成了冲突。一旦了解了冲突的原因及个中真相，这份对真相的观察就能使我们从真相之中解脱出来。

同时人生里面还有许多痛苦，而我们并不知道怎么去止息这些痛苦。但止息痛苦便是智慧的开端。如果不知道痛苦是什么，也不了解它的本质和结构，我们就不知道爱是什么，因为对我们而言，爱就是痛苦、享乐与妒忌。如果丈夫告诉妻子说他爱她，却同时充满着野心，那么这份爱还有任何意义吗？一个野心勃勃的人可能有爱吗？一个充满着竞争性的人能够去爱吗？但我们都在谈论爱，谈温柔相待，谈停止战争，同时却充满着野心和竞争性，不断地追求个人地位及成就等等。这一切都会带来痛苦，那么痛苦能不能止息下来？只有当你了解了自己的真相之后，痛苦才可能止息下来，然后你就会了解自己为什么会痛苦，不论这痛苦是自怜，害怕孤独，或是怕自己的人生是空虚的，另外也可能会害怕依赖他人所造成的痛苦。这一切都是生活的一部分，当我们了解了这一切之后，就要开始面对人生更巨大的问题——死亡。请记住我们并不是在讨论轮回或死后会发生什么事。我们并不是在探讨这些东西，也不是要为那些害怕死亡的人带来希望。

人最害怕丧失自己所拥有的

昨天我们已经探讨过有关恐惧的问题。心若是摆脱了恐惧，死亡又会是什么呢？我们有伴随着衰老而来的各种麻烦：疾病、丧失记忆、对年老感到恐惧或是各种失调症。在美国这个国家里，所有的人都被称为年轻人！一个快 80 岁的女人也被称为年轻女士！人们对衰老是这么的恐惧，只要有恐惧就不可能产生了解，只要有自怜，痛苦就无法止息下来，因此，死亡到底是什么？很显然，死亡就是整个有机体的活动结束了。人往往可以活到 90 多岁，如果科学能发明一些使人长寿的药物，人可能会活到 150 岁——但天晓得人为什么要活 150 岁！就按照目前的方式去过日子吗？即使能活到 100 多岁，我们这整个有机体还是会衰败，因为我们的生活方式是完全错误的：里面尽是冲突、恐惧、压力，不但残杀动物而且还自相残杀。我们把自己的人生搞得多么混乱啊！因此衰老才会变成一件恐怖的事。

然而死亡是逃不了的——它随时可能发生在年轻人、中年人或老年人身上。我们所谓的死亡究竟是什么意思，除了明显的肉体死掉之外，还有别样的死亡吗？死亡更深的涵义指的是心理活动的止息——“我”或“你”的活动骤然停止了下来。这个所谓的“你”或“我”已经累积了无数的知识，受尽了痛苦，满怀苦乐

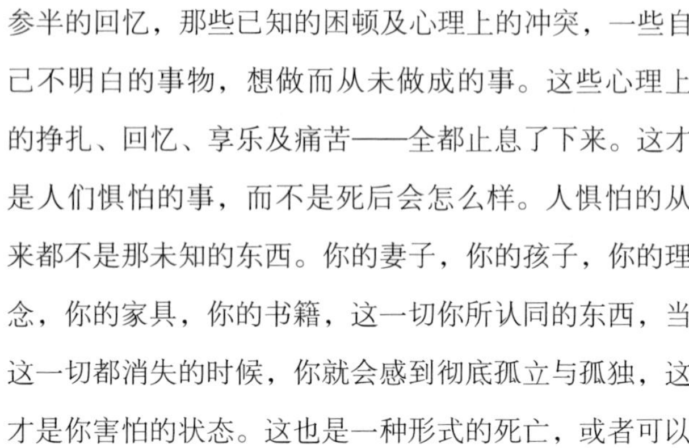

参半的回忆，那些已知的困顿及心理上的冲突，一些自己不明白的事物，想做而从未做成的事。这些心理上的挣扎、回忆、享乐及痛苦——全都止息了下来。这才是人们惧怕的事，而不是死后会怎么样。人惧怕的从来都不是那未知的东西。你的妻子，你的孩子，你的理念，你的家具，你的书籍，这一切你所认同的东西，当这一切都消失的时候，你就会感到彻底孤立与孤独，这才是你害怕的状态。这也是一种形式的死亡，或者可以说是唯一的死亡。

认清了——不是理论而是真的认清——人最害怕的就是丧失自己已经拥有的、创造出来的或努力达成的事物，你不禁要问："人有可能在心理上每天都大死一番，从所有已知的事物之中解脱出来吗？"人有可能让心每天都变得年轻无邪而又焕然一新吗？真的去做做看，你就会发现某件不可思议的事竟然发生了。心变得天真无邪了。一颗老旧的心无论有多少经验，永远不可能是天真无邪的。只有每天把重担卸掉的心，才能终止每日的问题，让心保持纯真。从此人生的意义就截然不同了，然后你才能发现什么是爱。

很显然爱不是一种享乐，如同我们昨天所说的，享乐会带来痛苦，因为享乐如同恐惧一样，也是一种思维的过程。如果爱是一种思维的过程，那还算是爱吗？我们大部分的人都会忌妒或羡慕别人，而我们竟然还不断地谈到爱，一颗会羡慕或忌妒的心，有能力爱吗？当你说你爱某个人的时候，那是爱吗？ 也许心只是在保护自己所拥有的快感，也就是在培养恐惧？当心中有恐惧及追求快感时，爱还可能培养得出来吗？接着还有性所带来的问题。（听众的笑声）你们为什么要笑？你们的笑声使我很开心，但为什么要笑？

性与自由

我们必须探索一下这个问题，如同我们探索恐惧与生存一样。我们为什么要把性弄成一个不得了的议题？性为什么会变成一个问题？很显然一切事物都环绕着性在运转，不只现在如此，过往也是如此。它已经变成人生中最重要的一件事了，为什么？请试着去弄清楚这件事。我们并不是在提出意见，我们是在共同检视。性已经变得异常重要，首要原因是我们在智识上都是二手人类。我们不断地重复别人说过的话，学习别人做过的事——佛陀、基督以及其他的人——我们把一切都理论化了。这绝不是智识上的自由，真正的自由乃是从思维之中解脱出来。我们都被思想捆绑，而思想永远是老旧的，它从不是新颖的。因此，在智识上我们从未享有过最深的自由，因为思维从未带来这样的自由。

事实上我们都受到了捆绑，情感上我们则充满着伪装、丑陋、多愁善感、虚假及伪善。因此我们已经丧失了所有的自由，除了性之外。这可能是你们拥有的唯一自由的东西了。伴随着性而来的则是对这份快感的意

象，思想对性行为制造出了一些意象，然后我们不断地咀嚼那份快感或意象，如同牛不断地反刍一般。这是生而为人唯一感到自由的事，其他所有的事都不会令你感到自由，因为你已经成为基督教、天主教等宣传之下的奴隶了。别处你都不能得到自由，只有在性上面还能获得一点自由，但这份自由也不能算是真正的自由，因为你已经被性快感以及随之而来的家庭责任捆绑。如果你真的爱你的家、你的孩子，如果你真的全心全意地爱他们，你想你还会让战争存在一天吗？

因此所有的事物，包括性在内，都有痛苦、折磨、疑惑、忌妒及依赖。唯一的一件能让你感到自由的事，也变成了一种捆绑。认清了这一切——真正地认清而非字面上的理解，因为字面的描述永远不是那被描述的东西——认清了这一切，全心全意地觉知到这个事实，你就会知道什么是爱了，同时你也会知道死亡是什么，活着是什么。

四、我们活在失序中

永恒与真理

人类一直在追寻一种叫做“永恒”的东西，也许从太古以来人类就一直在问自己是否有一个神圣的、超越世俗的、非思想所能组合的东西。人类一直在质疑是否有一种心智无法发明出来、投射出来、与时间无关的实相，这样的境界里完全没有时间这种东西。是否真有一个永不消失而又“神圣”、“至善”、“不可侵犯”的境界？宗教组织似乎已经提供了解答，它们说确实有实相、有上帝，而这个东西是心智无法度量的。然后它们把它们认为的这个东西变成了组织，人类就这么被误导了。你也许还记得一则魔鬼与朋友在街上闲逛的故事：他们看见前面有个人突然蹲下身去捡一个地上的东西，他拾起那个东西看着时，脸上露出了非常开心的表情，于是魔鬼的朋友问魔鬼那个人捡到的是什么东西？魔鬼回答说：“真理。”接着朋友说道：“这对你而言不是一件很糟糕的事吗？”魔鬼答道：“一点都不糟糕，因为我会帮他在这个东西上面建立一个组织。”（笑声）

什么是道心

人们往往崇尚由双手塑造出来的神像，由心智编造出来的教条，以及由宗教组织发展出来的仪式，其中的美感已经变得过于神圣、过于圣洁了。因此，人类在追寻那个超越度量超越时间的东西时，已经遭到了欺骗，并且落入到陷阱里面，因为他一直想找到某个与世俗完全无关的东西。但传统的官僚体制、资本主义社会究竟提供了我们什么，除了衣物及庇护所之外，他们并没有提供太多东西。也许人们可以因此得到更多的工作机会或赚更多的钱，但是从根本上来看，这些社会

提供的东西是很有限的。一个真正有智慧并且有觉察力的心，势必会拒绝这样的社会。在生理上我们需要食物、衣服、庇护所，这些都是绝对必要的，但是当这些东西变得过于重要时，人生就失去了它非凡的意义。

因此，今晚也许值得花些时间为自己探索一下，看看那个神圣的、非思想所能组合的、非传教之成果的东西，到底存不存在。如果能的话，我们将深入探讨这个议题，因为除非你能发现那无法名状、无法被经验到、无法被思量的东西，否则人生——这里指的是每天的生活——将会变得非常肤浅。也许这就是为什么目前的这一代会拒绝社会的原因，他们一直在寻找某个可以超越日常的挣扎及丑陋的东西。

我们能不能探索一下“什么是道心”？那颗能够发现实相的心是处在什么状态里？你也许会说：“根本没有实相这个东西，根本没有上帝，上帝已经死了，我们必须尽量利用这个世界，继续过我们的日子。为什么要问这样的问题？目前的世界已经有这么多的困惑、不幸、饥荒、贫穷及种族偏见等等的问题。我们应该关心的是这些现象，因此就让我们建造一个人道社会吧！”即使能做到这一点——我希望能做到——刚才那个问题还是必须提出来，不过你也许会在10年、15年或50年之后才提出这个问题，但这个问题是不得不问的。你必须质疑：到底有没有一种让时间止息下来的境界？

首先我们必须有观察的自由，看看有没有这样的境界存在，我们不能只是一味地臆测，因为只要有任何臆测、希望及恐惧，心就会遭到扭曲，它就不可能清晰地观察了。因此若想发现什么，自由乃是绝对必要的东西。即使在科学实验室里，你也必须有观察的自由，也许你已经设定了一个逻辑上的前提，可是如果它干预到了你的观察，你就必须把它抛置一旁，因为只有处在自由之中，你才能发现那个崭新的东西。如果我们想一起冒险探索，不只是字面上的而是超越语言的探索，我们就必须从个人的需求以及任何一种恐惧、希望或绝望之中解脱出来。我们必须有明亮的眼睛，不受局限而又无瑕的心，才能以自由的态度去进行观察。这是首先需要了解的事情。

在过去三次的演讲里面，我们已经探讨了恐惧和快感的问题。如果其中的观点还不够清楚，或者我们还没专心思考过有关恐惧的问题，那么就不可能继续探索我们将要探索的议题。很显然，我们的心已经受到信仰的制约，譬如基督教、印度教或佛教等等。除非我们能从任何一种信仰之中解脱出来，否则我们不可能观察或为自己去发现是否有一个思想无法败坏的实相。而且我们必须摆脱所有的社会道德，因为所谓的社会道德并不是真正的道德。心若是没有更高形式的道德，若是不能深深扎根在诚直之上，就不可能自由，因此我们必须了解自己、认识自己、明白自己的整个结构——其中的思想、希望、恐惧、焦虑、野心、竞争性以及侵

略性——最重要的事就是去了解自己，认识自己。除非我们了解并深深建立了正确的行为举止，否则是不可能自由的，因为心会被自己的不确定性、自己的疑惑、需求、压力困扰。

因此，若想探索那个有关道心的问题，探索是否真有这个东西，首先必须拥有自由，不只是在意识的层次，同时也要在一个人的深层无意识里拥有这份自由。大部分的人都接受有所谓的无意识这个东西，一种隐匿的、黑暗的、未知的层面，若是不了解这整个无意识层面而仅凭着理性分析检视表层意识，是没有多大意义的事，包括接受专业人士的分析或是靠自己分析。因此我们必须探入意识心——那个透过竞争及所谓的教育而变得十分精明的心，以及深层的、隐秘的无意识心——那从未被理智之光照亮过的部分。

意识与梦境

但人人都在谈论的无意识到底是什么？我们是否必须阅读专家的著作才能发现它？我们是否必须靠专家来告诉我们那是什么，还是我们可以透过自己去发现它，彻底而非局部地？据说你必须做梦，否则你可能会发狂，因为梦境里面有许多暗示。梦境暗示着无意识底端的秘密，一些未经探索过的层面。因此梦境就是这些深层面向的表现，如果你或心理专家可以诠释这些梦境，就可以揭露无意识底端的东西。可是从未有人质疑过为什么我们会做梦，据说人必须做梦，因为这是很健康而自然的事。不过我们还是可以质疑这句话的有效性，因为我们必须对每件事都存疑（这份存疑能带给你探索的能量、活力及热情）。我们必须探索人为什么会做梦，因为心智如果一直在活动，日夜不停地转动着，就无法休息、无法更新了。那就像是不断在运作的一台机器，很快就磨损了。因此我们必须质疑："人为什么要做梦，也许人是可以不做梦的。"我们现在就是要弄清楚人是否可以不做梦，因为无意识本是过往历史的储藏库，包括种族与家族传承，社会传统，种种的公式、约束力及动机，还有承继而来的动物性，这所有的东西都埋藏在无意识里面。透过梦境，这些东西一点一滴地被揭露了出来，因此我们必须有能力正确地诠释它们，不过这当然是不太可能的事。有些专家可能会根据自己的局限、知识，以及从别人那里得来的信息，去诠释这些梦境。

因此我们现在要问的是：人是不是需要做梦？人有没有可能不做梦？意识显然不仅有表层，而且还有底层，如果白天清醒时心智的内容可以被观察到，那么当你睡觉时就不需要做梦了。也就是说，白天清醒时你如果能觉察自己的思想、反应、动机、传统、抑制、各种形式的冲动，还有内在的张力——如果你能看着它们而不加以修正，也不想让它们变得不同，更不去诠释它们，如果你能这样毫无拣择地在白天清醒时觉知

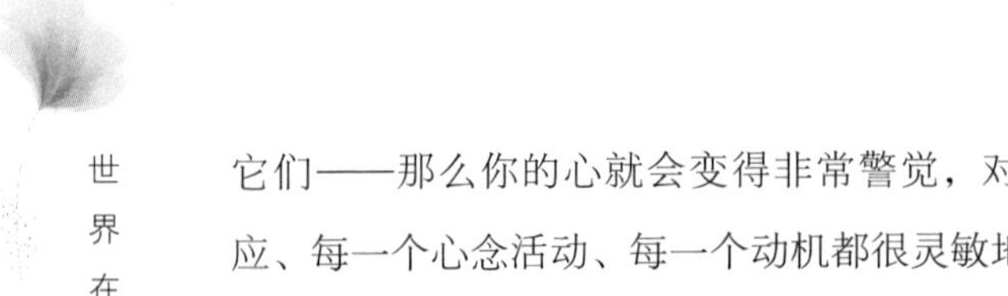

它们——那么你的心就会变得非常警觉，对每一个反应、每一个心念活动、每一个动机都很灵敏地觉知，这样所有的种族传承以及其他的东西就会显露出来，然后你就能认真地、专注地、热情地去观察和探索，这样你就会发现你的心在夜晚时变得非常平静，没有任何梦境出现，那么在白天清醒时，你的心也会变得清新、鲜明而毫不扭曲。

个人性的元素一旦消融掉，心就能彻底地观察，这件事是办得到的，但不是依据专家们所说的话，而是亲自去观察，就像当你照镜子、梳头及刮胡子时所做的那样。你会发现整个无意识就像显意识一样肤浅、琐碎及愚蠢，整个无意识里面没有丝毫的神圣性。然后你的心就会从恐惧之中解脱出来，从快感及制造出的痛苦之中解脱出来，然后它就不再追求享乐了。至乐并不是一种享乐，至乐是截然不同的东西，而享乐，如同我们所指出的，一定会带来恐惧与痛苦。我们的心一直在追求享乐，最终极的享乐，因为我们在世间所拥有的快感已经欲振乏力，已经变得如此乏味及失色，所以才会一直寻找新的享乐。但这样的心永远是处在恐惧中的，一个不断在寻求享乐或总想得到快感的心，是永远处在黑暗中的。这是一个很容易被观察到的事实。

因此，心若是不能从恐惧之中解脱出来，而且还继续不断地追求更深、更强烈的快感，就一定会带来痛苦、焦虑，以及随着快感而至的负担及困苦——如此就不可能得到自由了。此外，一个相信上帝或不相信上帝的心，同样是受制的、偏狭的。

我们活在失序中

我希望你能探索上述的这一切！讲者在强调一些观点，但不要轻易地被他说服，因为他完全不具备任何权威性。就探索这件事而言，是不能依赖任何权威、上师或老师的，你自己就是老师及门徒。人最难做到的一件事就是把所有的权威抛置一旁——这样才能得到自由，建立起美德，因为美德就是秩序。我们都活在失序中，我们的社会充满着混乱，里面有各种的不公不义、种族差异、经济及国家民族的分歧。观察自己的内心，你会发现我们自己也处在失序中，而失序的心是不可能自由的。因此秩序，也就是美德，绝对是必要的：这里所谓的秩序并不是依据某个蓝图、僧侣的说辞或那个会说出“我们知道而你们不知道”的人发展出来的。秩序就是一种美德，只有当我们了解了什么是失序时，秩序才会出现。消除失序，秩序自然会出现，因此一旦消除了社会里的失序，就会有秩序，因为社会鼓励的往往是竞争、羡慕、残忍、暴力、努力以及贪得无厌。看看那些陆军及海军部队——这就是一种失序！一旦消除了恐惧、野心、贪欲、羡慕、对享乐及名望的追求——这些会助长失序的东西——那么在彻底消除失序之中，就会出现秩序之美，而这绝不仅是环境压力或行

为的产物。我们必须有秩序，而你会发现秩序就是一种美德。

灵视经验与冥想

如果你已经否决了这一切——你必须这么做——那么你就可以开始问："什么是冥想？"只有处于冥想状态的心才能有所发现。好奇或不断追求的心，是不可能发现什么的。不断追求的心是很怪异的，因为它将会找到它要追求的东西。但是它找到或发现的那个东西永远是已知的，因为凡是能够被它认出来的东西一定是已知的，不是吗？认知就是追寻的一部分，而经验与认知都是源自于过往的一切。因此，透过认知而找寻到的任何东西都不可能是新的，它一定是已知的。这就是为什么人们会使用药物的原因。印度人数千年来一直在使用转化意识的药物，这是令心智变得敏锐、拥有崭新经验的一种古老技巧，但人们从不去检视"经验"的意义到底是什么。我们总说人必须有新的经验、新的视野，但就算你有了一份新的经验，一种灵视经验，譬如看见了基督、佛陀或克里希那（印度教三大神之一毗湿奴的主要化身）的影像，那份视见也不过是你局限的投射罢了。你也许是一名天主教徒，那么你的灵视之中就可能出现基督或圣母玛丽亚的影像，这一切都取决于你的制约。当你认出那个影像时，你会发现那本来就是你曾经拥有过的经验，一种已知的事物。因此在你的灵视之中绝没有新鲜的东西。一个受到药物影响的心，虽然可能暂时变得敏锐而清晰，但是它所看见的仍然是自己的制约，一个被放大的狭隘念头。

如果你把这一切都否决了——我希望你们能为了自己的利益去做这件事，我们就可以开始探讨某个需要极大洞见、美感与灵敏度的东西。

冥想这件事是由东方传到美国的，基督徒也有自己的用语，譬如默祷等等。冥想现在已经变成非常受欢迎的东西了。根据瑜伽士与上师们的说法，冥想乃是发现真理、超越世俗以及体验心灵转化的一种手段。可是你们有没有问过那个经验者到底是谁？经验者与他经验到的东西有差别吗？显然没有，因为经验者就是所有记忆的总体，而当他透过冥想或借助药物在体验或转化时，他仍然是借由过往的一切在投射，他说“我有了一次不得了的灵视经验”。其实根本不是这么一回事，因为一颗担负着过往历史的心，不可能看到新的东西。

冥想中有大美

我们现在要弄清楚的就是冥想到底是什么。当你在检验一种方法或一个体系时，你必须弄清楚里面暗示了什么。有人说：“按照这样的方式日复一日地去练习，经过12年、20年或40年之后，你就会发现实相是什么。”也就是说，不论是什么样的方法，你只要练习就对了，但是在练习某个方法的时候会发生什么

事呢？只要你每天在特定的时段进行某种练习，也许是盘坐、静躺或行禅，只要你日复一日重复去做这件事，你的心一定会变得机械化。因此，当你看到这个真相时，你会发现里面含藏的尽是一些传统的、机械化的、重复再三的东西，而这些都意味着冲突、压抑和控制。

一个被方法钝化的心，根本不可能自由地观察，也不可能是智慧的，某些人把梵咒瑜伽从印度带到了美国，天主教世界里也有这种东西——重复诵念“万福玛丽亚”一百遍，诵念的时候手上要拿着念珠，这么做显然能够让心暂时安静下来。重复诵念可以使一个鲁钝的心安静下来，而且会制造出奇特的经验，但这些经验是没有意义的。一颗肤浅的心，一颗充满着恐惧、企图、贪求真理或世间财富的心，不论重复诵念多少遍圣号，仍然是肤浅的。如果你已经深入地了解了自己，并且透过无拣择的觉察认识了自己，而且已经建立起正确的基础，也就是秩序，那么你就自由了，从此就不需要再接受任何一个所谓的精神权威了（不过很显然人必须接受社会的一些法律），然后你才可能弄清楚冥想是什么。

冥想之中有大美，如果你知道冥想是什么——不是“如何”去冥想，你就会发现它有多么非凡了。“如何”这个字眼暗示着方法，因此永远不要问“如何”。太多人都过于喜欢向别人提供方法了。其实冥想就是去觉察恐惧，觉察享乐之中的结构、内涵及本质，也就是去认识自己，然后才能打好秩序的基础，而这便是一种美德，其中有一种不带着压抑、控制或模仿的纪律。这样的心就是处在冥想的状态里。

冥想意味着清晰地去观看，但如果观者与被观之物存有界分，你就不可能清晰地看或完全涉入你所看的事物之中。也就是说，当你看着一朵花、一张美丽的脸孔、傍晚的可爱天空或是一只展翅而飞的鸟儿时，中间都存在着界分——不只是肉体上，还有心理上的界分——你跟花朵之间，你跟灿烂的云朵之间，永远存在着界分。只要有界分就会有冲突，这界分本是由思想与观者制造出来的。你可曾没有任何界分地看过一朵花？你可曾观察过某个美丽的东西，而不感觉观者与被观之物存有距离？我们总是透过思想的屏障去看一朵花，里面往往有好恶的念头，譬如希望这朵花是种在自己的花园里，或者你会说："这东西真是美。"在这样的观察之中总是有一种由念头、喜好或快感所造成的界分，如此一来你和那朵花之间就会出现距离，而且缺乏一种敏锐的觉知。但如果距离不存在，你就会像从未见过花一样地看着眼前的这朵花。当心中没有念头或不去思考这朵花的学名时，也就是心中没有任何好恶而只有全然的觉知，那么你就会发现界分消失了，这样你就能跟这朵花、展翅而飞的鸟儿、云朵或一张美丽的脸孔，建立起完整的关系。

一旦有了这样的品质，也就是当观者与被观之物的界分消失时，你就能非常清晰地、热情地、全神专注地去看眼前的事物了。这时就会出现爱的品质，有了这份爱，就会有美。

空寂的品质

你知道吗？当你非常强烈地去爱一件东西时——不是透过快感或痛苦去看这个东西——界分就消失了，包括心理上的与生理上的，这时就没有所谓的“你”或“我”了。如果你的冥想能深入到这种程度，你就会发现“空寂”的品质，而这绝不是追求空寂的想法制造出来的结果。它们是截然不同的两种东西，不是吗？思想也能让自己安静下来，我不知道你们有没有试着去做过这件事？我们不断地在对抗自己的心念，因为我们已经发现除非心安静下来，否则外在或内在都不可能出现祥和，也不可能出现至乐。因此我们才企图透过不同的方法来静心，譬如借助药物、镇静剂或重复诵念咒语，但是由心念制造出来的空寂，是无法与自由带来的空寂相比的，而这份自由就是从我们所谈到的一切事物之中解脱出来。这份空寂与思想造成的空寂是截然不同的，因为它属于另外一个次元，这是你必须为自己去发现的一种不同的境界，没有人可以为你打开这扇门，没有任何话语能描述这无法思议的境界，除非我们能踏上这条漫长的旅程——其实它并不漫长，因为你在当下就能进入——否则人生是没有多大意义的。如果你能做到的话，你将会自己发现那神圣的境界是什么。

你们想不想问任何问题？这种空寂的状态是不是比提问题要好得多？如果你的心能安静下来。是不是比任何一种问答都要好？如果你的心能安静下来，就会有爱与美——这里的美指的并不是建筑物、脸孔、云朵或树林的美，它就在你的内心深处。这份美很难被描述出来，它是超越语言的。如果你拥有了它，就不需要提出任何问题了。

我们从未真正认清自己

——在斯坦福大学的演讲

整个世界都埋藏在你的心底，如果你知道如何观看和认识的话，那扇门就在你的面前，而钥匙就在你手中。没有任何一个人可以给你钥匙或为你打开那扇门，除了你自己之外。

一、改变，从觉察自己开始

你应该为世界负起责任

在世上宁静地活着而不必退缩到寺庙或自我封闭的意识形态里，已经变得越来越困难了。这个世界是如此混乱，有关如何生活、该怎么去做的理论及建议又是这么繁多。哲学家就这个问题已经思考了许久，他们一直在设想人是怎么一回事，人应该做些什么。当你在世界各地旅行时——不是以哲学家或带着某种意识形态的身份，而是不对任何东西产生信念——不禁会扪心自问，人类到底有没有可能改变。

如果我们提出这类问题（我很确定只要是够认真、心思够细的人，都会提出这类问题），得到的回答很可能是应该先改变外在世界——也就是改变整个社会结构及其经济体制——而且必须是一种全球性的改变、全球性的革命，不只是影响世界某个部分的改变。也有人曾经说过，个人的改变是没有必要的：它会随着外在的改变而自然地产生变化。外在的改变会自然带来合宜的工作、闲暇的时间、适合的关系、尊重、爱与理解等等。因此抱持着这种想法的人，便鼓吹起改造环境的学说——必须是全球性的——而人类这个依赖环境的生物，将会因此而自然地产生变化。

这么一来就有了内在与外在的界分，而外在指的就是环境与社会。这些人主张，外在世界一旦有了深层的革命，个人自然会有所改变。这种内外的界分已经维持了数千年之久，也就是精神与外在物质世界的界分，所谓的精神世界与俗世之分——宗教与世俗的界分。然而这种界分是最具有破坏性的，因为它会助长分歧以及一连串的冲突，譬如内心世界要如何适应外在环境，而外在环境又是如何塑造了内心的一切，这些问题一直都存在着。整个唯物论世界观对内心世界是否定的，他们说：“不要去管内心，只要社会体制有了完美的安

排，心自然会照顾自己的。”

同时我们也观察到，人类的焦虑、暴力、恐惧、绝望、贪得无厌的倾向、永无停歇的竞争，已经制造出了我们所谓的社会结构，包括它的道德及暴力。因此，身为一个人，你必须为世上正在发生的事负责：战争、混乱、内心与外在世界的冲突。我们每一个人都得负责，但我很怀疑大部分人是否有这种感觉。在头脑或知见上我们也许会接受这份责任，但我们是否真的感觉自己必须为越战、中东局势、东方世界的饥荒，这所有的不幸、分歧及冲突负责？我很怀疑这一点。如果我们真的有这份责任感，我们的整个教育体系就改观了。因为感受不到这份责任，所以很显然我们也不会去爱护我们的子女。但若是有了这份责任感，明日的世界就不再有战争了，我们将会保证创造出一种截然不同的文化，截然不同的教育体制。

人必须彻底改变自己

因此我们的问题是，人能不能觉得——不是被迫，也不是基于恐惧或约束——他必须彻底改变。如果不改变，他将会继续建构出不幸的、痛苦的、僵固的以及绝望的世界。不论有多少的理论、神学上的推论或体制的制约，都无法解决这些问题。因此我们要怎么办？面对这么多的困惑、争斗、敌对、暴力与残忍，人到底该怎么办？该采取什么样的行动？我不知道你们有没有认真地问过自己这个问题，不是感情用事，也不是过度浪漫，更不是一时兴起，而是不断地思考这个严肃的问题。我们也许不知道该如何回答这个问题，我们也许会宣称人不可能有这么深的改变——立即的与根本上的改变——不可能建构出一个新的社会。可是当你说“不可能”的时候，这整件事就成了定局：你已经把自己封闭住了。但如果你说这是可能的，你就会面对如何在心理上带来革命这件事。因此，我们到底该怎么办？是献身于某个宗派的信仰，还是到寺庙里去习禅？或者加入一个能承诺你一切事物的新兴宗教？

看见这个世界被划分成各种不同的国籍及宗教信仰，譬如印度教、佛教、基督教、天主教，以及各种的种族界分所造成的偏见；看见我们的心如此受制于教会组织、经书、哲学家及理论家的宣传——看到这一切——你不禁会问自己：“这个与世界息息相关的我能做些什么？”当人向自己提出这个问题时，同时也会质疑：“行动到底是什么？”我们会问：“面对这一切，我到底该怎么办？”我们是否只能处理整个存在的一小部分，是否只能致力于整个存在、整个人生的一小部分，然后以专家的身份来产生某种行动？看见了人生的整个全貌——人类的痛苦、困惑、暴力、缺乏真正的关系、自我孤立的整个过程，以及充满着恐惧、焦虑、泪水、死亡与缺乏慈悲的生活——看到了这一切之后，我和你是否应该面对这所有的问题而非其中的一部分？若

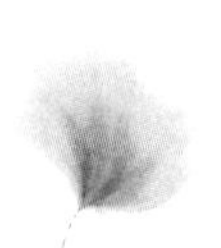

想面对这所有的问题，彻底地涉入其中，我们就必须觉察自己的真相。不是应该变成什么，而是去觉察我们的心，觉察我们都是暴戾的、残忍的、贪得无厌的人，并且要问自己这一切能不能得到立即的转化。

如何转化真相

理论上的非暴力、自由与爱的境界是根本不存在的，这只是一种概念罢了，真正存在的只有眼前的真相。但“真相”是否能转化，而不是变成“应该怎么样”的一种状态？我们不自觉地在追求“应该怎么样”的状态，追求一份理想。在我看来，追求一个想象出来的完美而合乎理想的非凡境界，纯粹是在浪费时间，当你在追求理想或“应该怎么样”的状态时，就是在浪费精力或逃避真相。因此，如此受制于理想的心能不能完全摒除理想，面对真相？因为当我们摒除了虚假的东西之后，就会有能量去观察真相是什么。人类从动物性承继而来的本质，就是攻击性、暴戾、愤怒、充满嗔恨与忌妒，因此才会产生非暴力的理想。反之，人们则会把这份理想抛至脑后。如果我们对生命够认真的话，就可能会花些时间和精力试图变得不暴戾。你必须观察自己是多么的受制。我们的心中永远有“真相”与“应该怎么样”的冲突，只要有任何形式的界分或分歧，冲突就永远存在。我们的关系之所以会有冲突，就是因为每个人都把自己封锁于眼前的活动中。

但如此受制的心要如何面对眼前的事实呢？充满暴力、嗔恨、愤怒及其他反应的心如何得到转化呢？这才是深深影响到每个人内心的根本问题。因此，这份界分感要如何止息下来，然后与人建立起真正的关系？因为只有处在没有界分的状态下，冲突才会消失。

我们会发现人为了努力转化眼前的真相，才发展出了充满权威性的外在媒介，譬如上帝、理想、上师或老师等等——一个能够告诉他该怎么去做的人，这样他才能活在毫无冲突的和平之中。然而一旦摒除了所有的权威——我们必须这么做，因为权威暗示着恐惧——摒除了所有的上师、老师或外在的媒介，我们就必须孤独地面对自己了，在不变得神经质或产生情绪骚乱的情况下孤独地面对自己。一旦摒除了所有的权威，我们就会变成自己的老师及门徒，然后又会怎么样呢？如果你没有任何理想，没有任何人引领你——因为所有的引领者都没有让人找到正确的道路，人们仍然感到不快乐，仍然困惑、焦虑与恐慌——如果你已经深入地探索到这种程度，你会怎么样？如果你摒除了上师、老师、所有的权威及理想——如果你真的在心理上不依赖任何人了，你会怎么样？还有没有任何你可以做的事呢？

直接与真相发生关系

你知道吗？言语的沟通是相当简单的事。如果我们用的是同样的语言，而且能够确切地说明我们的意

思，沟通就变得很容易。但我认为更重要的是在这些人生议题上产生真正的共鸣。我们不但得在言语上产生交流，同时也要在内心里产生共鸣，然后理解才会变得比较容易。

接着还有恐惧的问题，而这确实是人生中最复杂、最恼人的议题。不论你怎么去解释恐惧的原因或描述恐惧的整个结构，我们都必须先了解语言绝不是那真实的东西，描述绝非被描述之物。而且我们不能被语言或描述局限，我们必须跟所谓的恐惧或暴力有所接触，意思就是要直接地跟真相产生关系。因此我们必须深入地探索观者与被观之物的关系。以恐惧为例：观者是否跟他的被观之物有任何差别？如果观者就是被观之物，那么这份关系就是直截了当的，而且会产生不可思议的活力来促使你行动；但如果观者与被观之物存有界分，自然就会产生冲突。我们跟其他人的关系，不论亲密与否，大多是奠基在界分与分别意识之上的。丈夫对妻子抱持着某种意象，妻子也对丈夫抱持着某种意象，这些意象是经由多年的苦乐、激怒等等的经验组合而成的——这便是夫妻之间的关系，其实夫妻之间的关系就是两个意象之间的关系，即使在性行为中，意象也占有很重要的地位。

因此当你观察自己的时候，你会发现你一直在关系互动中不断建立起意象，并因而造成了界分，于是真正的关系就不见了。你可能会说你爱你的家或你的妻子，其实你爱的只是一些意象罢了，其中并没有真正的关系。关系不但意味着肉体上的接触，同时也意味着在心理上没有任何界分，一旦了解了这一点，不是字面上而是真正有了认识，那么这个在说“我很害怕”的观者与所谓的恐惧到底有什么关系？它们是不同的两种东西吗？接下来我们要问的则是，能否透过分析而去除恐惧。你们对这样的议题有兴趣吗？（听众：有兴趣。）

如果你们不感兴趣的话，我可以马上站起来离开，而你们也可以走了。对我而言这是非常严肃的事，但我既不是一个哲学家，也不是演讲家，更不代表印度古老的哲学体系——但愿不是如此！（听众的笑声）

经常在世界各地旅行，与许多人谈过话之后，你会被迫面对世界的不幸以及人类极度缺乏责任感这种现状，如此一来你自然会变得非常严肃。但这并不意味缺乏幽默感，而是你会变得极为严肃与认真。你必须很认真而严肃地解决这些问题，因为世界就在你的心中，整个人类也都在你心中，虽然表面上我们的态度、风俗、衣饰有所不同。

因此，我们若是严肃的，就会面临心是否能摆脱恐惧、恐惧是否能透过分析而去除等等问题——分析在这里指的是日复一日地自我分析，或是去心理专家那里花上十年的时间、付出大笔的金钱来接受心理分析。但也许还有另一种解决这个问题的方式，也就是在不借助分析的情况下解除恐惧。因为分析之中永远有观者与被观之物的界分，或是分析者与被分析对象的界分。而这分析者必须是极为警醒的，不受制约的，没有任何偏见或扭曲的观点，才能真的进行分析。如果他有任何形式的扭曲，他的分析也将会是扭曲的，带着偏见的。这是分析之中的一个问题。另外一个问题则是，分析将花费极多的时间，缓慢而渐进地，一点一滴地去除所有会造成恐惧的原因——到那时人已经死了。（听众的笑声）在这期间此人会一直活在黑暗、不幸、神经过敏的状态里，而且可能会危害到世界，此外即使你已经发现了恐惧的原因，又有什么价值呢？恐惧会因为我知道我在害怕什么而消失吗？在智识上寻求恐惧的原因，就能使恐惧消失吗？这所有的问题都跟分析有关，如同我们已经承认的。分析者与被分析的对象之间永远存在着界分。因此分析永远不是最好的方式——很显然不是——因为它需要花太多的时间，而我们并没有那么多的时间。就心理上而言，根本没有所谓的明天——这个东西是由我们发明出来的。因此，你一旦发现分析的谬误，一旦看见观者即是被观之物，分析就止息了下来。

这时你就会面临一个事实，你会发现你正是恐惧本身——不是一个害怕恐惧的观者。你既是观者也是被观之物，既是分析者也是被分析的对象。你知道吗？当你真的在看一棵树时——不是透过念头而是真正在看——你会发现你和那棵树之间不但有身体上的距离，也有心理上的距离。那份距离乃是由你对那棵树的印象制造出来的，不论你称其为橡树或其他的名称。因此观者与被观之物总是存有界分，而这被观之物可能是一棵树，那么这层界分有可能消失吗？这并不意味你会变成那棵树，如果是这样的话就太荒谬了，而且没有多大意义。因此，当观者与被观的那棵树的界分消失时，你看到的树就截然不同了。我不知道你有没有尝试过这件事。

问：你所谓的你和树之间的距离消失，到底是什么意思？

克：等一等，先生，让我把话说完。然后再提出问题好吗？我很希望你提出问题。因为分析暗示着一种界分，因此分析者与被分析的对象之间就失去了直接的接触或关系。只有当我们与这个所谓的恐惧产生立即的接触时，才会出现截然不同的行动。先生，你知道吗？当你观察另一个人的时候。也许是你的妻子、丈夫或朋友，你的观察是不是奠基于你对那个人所累积的认识？若是如此，这些认识就会制造出界分，如此一来关系就不见了，只剩下了一堆的冲突。因此你能不能看着另一个人——你现在当然可以如此看着讲者，因为他讲完之后就会走掉，而且跟你没有直接的关系——譬如你能不能毫无界分感地看着你的妻子、孩子、你的邻居或你的政府官员？如果能做到这一点，你看事情的方式就会变得截然不同。

你们知道吗？有一些认真研究意识转化药物的人告诉我，他们的目的不是为了娱乐或产生灵视经验，而是要看看服药之后会发生什么事。某些人服了药之后会发现花瓶里的花与他之间的界分突然不见了，他们看见的花或颜色会变得特别鲜艳，这份强烈的感觉是以前从未出现过的。我现在并不是在鼓吹嗑药，我们只是在强调关系之中若是存有界分——不论是分析者与被分析的对象之间的界分，观者与被观之物的界分，或是经验者与被经验者之间的界分，就一定会出现冲突，同时也会出现痛苦。

因此，对这件事一旦有了体认——不只是概念或言语上的交流，而是真实的体认——你就会发现经验者与被经验的对象之间的暴力，譬如愤怒或仇恨的感觉，而开始有了极大的改变：从生到死永不间断的冲突，关系之中永不停歇的争战，都不再像以往那样了，包括在办公室里以及在家里。若是处在冲突之中而不知道该如何解决，恐惧就会出现。同时，有享乐的地方一定也会有恐惧。我们不断地追求享乐，但只要我们追求享乐，不可避免地就会有痛苦与恐惧。

因此，今天下午我们主要的议题就是：人心能不能转化自己，不是渐进地，而是当下立即转化。也就是说，心理上能不能产生革命而没有任何时间的概念，毕竟时间就是思想，不是吗？思想本是从过去的记忆、知识、经验之中产生的反应，你可以亲自观察到这个事实，所以这不仅仅是一种理论。而且思想总会设想一些令自己害怕的事，或想到将会带来快感的事情，而这些有关痛苦及享乐的念头都在时间的范畴之内，这是很明显的事。当我们看着夕阳时，会有一种喜悦的经验，或者会产生其他形式的兴奋与享受的感觉。念头会一直回味那些曾经带来兴奋和享受的事物。请亲自观察一下，这是很明显的事。不断地回味能够让那份享受的感觉延续下去。譬如昨天你看到了美好的夕阳，你不但不把昨天对夕阳的感觉放下，还不停地回味它，于是这些思维活动就引发了时间感，或者你很希望明天能再度拥有那份快感。因此，思想会引发痛苦及快乐的感受，从这一点又会延伸出更深的问题：思想有没有可能安静下来，因为只有这样才会产生真正的转化。现在你们愿不愿意提问题了？

问：你提到有关责任感的问题，但也许我本来就不该为我的思想负责的。若想有任何改变，我都得运用到思想，而且我也许根本不该为我的思想负责。我通常无法决定自己该想些什么。

克：先生，我们所谓的“责任”这个词到底是什么意思？责任感是不是思想的产物？

问：不是，但同时也是。

克：先生。“爱”是不是思想的产物？

问：不是的。

克：啊，等一等！慢一点，先生。（听众的笑声）

如果你说不是的，那么当你在爱的时候，思想占的又是什么地位？

问：这会预先设定我对爱的理解。

克：啊，等一等，先生！——这就是为什么我会问“爱”是不是一种快感的原因。如果爱是一种快感，那么它就是思想的产物。如此一来，快感就可以无限制地被培植出来——这就是我们都在做的事。但爱是无法被培植的，因此爱绝不是思想的产物。然而当爱出现时，责任跟它又有什么关系呢？请慢慢地探索。如果责任是奠基于思想和快感之上的，那么里面一定会涉及义务及其他的东西。但如果爱并不是一种快感——我们必须很仔细地探索这一点——那么“爱”这个字里面是否包含责任？譬如我爱我的家，我要为我的家负责。这样的爱是不是奠基于快感之上的？如果是的，那么“责任”这个词就有了截然不同的意义：这是我的家。我拥有它，我依赖它，我必须照顾它，然后我就会产生忌妒，因为只要有依赖，就会有恐惧和忌妒。因此当我们说“我爱我的家，我要为它负责”时，我们往往会用到“爱”这个字，但是再仔细地观察一下，你就会发现人们竟然会训练小孩子去谋杀别人，而且他们接受教育好像只是为了让自己有能力赚钱，找份工作，好像这就是全部了，难道这一切都算是责任吗？

问：我们无法真的拥有意志力，因为我们想要的一切都是被我们的制约决定的。

克：先生，什么是意志力？请务必明白这些问题是需要很仔细地解说的，可是现在每一个人都感到有点无聊，或者想离开了。也许我们该停下来了。

听众：他们必须离开，他们不是感觉无聊。家庭责任！

克：所以人们离开不该由你负责（听众的笑声）。对不对？你看见了吗，先生，我们已经在行使意志力了：我必须怎么样，我不能怎么样，我应该怎么样，我不该怎么样。你们一直在运用意志力去求取成就，达成权力、地位与名望。你们一直在运用意志力去掌控一些东西。在我们的人生之中，意志力一直扮演着重要角色，如同你们所说的，这就是社会、环境及文化的成果。反过来说，我们的文化背景也是由人类塑造成的，因此我们必须质疑意志力是否有任何重要性？因为意志力暗示着冲突、挣扎、矛盾："我是这样的，我必须变成那样，但若想变成那样，就必须运用意志力。"我们的问题是，是否有另一种不必运用意志力的不同行动？

问：如果不运用意志力，你还有没有思想的运作？

克：我现在要向你们说明一件事。当你看见危险时，你会立即产生行动。需不需要用到思想和意志力？这份行动可能是过去思想的结果，譬如你看见了一条蛇，一座断崖，一个危险的东西，你一定会立即行动。这份行动也许是过去制约的结果，对不对？你被告知接近一条蛇是极危险的事，于是这句话就变成了一份记忆和制约，然后你再从其中采取行动。然而当你看见国家主义带来的危险——它会引发战争，因为每个国家都有不同的政府、不同的军队。世界各处都可以看到这种可怕的界分——当你真的看到国家主义的危险时——不是在头脑或字面上产生理解，而是真的看到它的危险性及带有破坏性的本质——你还会产生源自于意志力的行动吗？洞察到事物的真相，需要动用到思维吗？善良、美或爱是思想的成果吗？思想有可能是崭新的吗？因为爱必定是崭新的，爱不是家庭中日复一日发生的例行事物，也不是一种私有物。相反的，思想永远是老旧的，因此，我们能不能在不运用意志力的情况下清晰无误地去看事物，并且产生全然的行动？

问：全然的行动也会带来美学上的快感。

克：我不知道你所说的“全然的行动”是什么，我们为什么说这会带来美学上的美感，但其他时候却是非常危险的？我们所谓的“全然的行动”是什么？先生，举一个非常简单的例子：当我们在作比较的时候，也就是去对照看看哪一种活动路线是比较好的——这时就会有衡量，于是良善就不见了，不是吗？当比较产生时，良善就不见了。而良善——请注意我们所谓的良善并不是一般人所说的良善——彻底的良善，意味着付出全然的注意力——指的是你的眼睛、耳朵、心以及所有的部分都专注于某个东西。先生，当你有了这份爱的时候，就没有多或少的比较之心了。这便是全然的行动。

问：我每天去办公室。而他们都期待我做个有野心、贪婪和忧惧的人，在这种情况之下我还能改变我的想法与概念吗？他们施压于我身上，期待我成为这样的人，同时他们也让我意识到我是一个琐碎的、贪婪的、野心勃勃与恐惧的人。如果我发现我并不想成为这样的人，那么我能改变吗？

克：即使某个组织要求我变得恐惧、富于攻击性及贪得无厌，我还是可以不带着野心去上班吗？如果我没有野心，完全不贪心——真正而彻底地不贪心——就没有任何东西可以让我变得贪心，因为我已经看见了贪婪的真相及谬误。如果我已经很清楚地看到了这一点，那么我能不能每天去上班而不被摧毁？只有当我还有一部分是贪婪的时候（笑声），才会落入陷阱中。因此我们必须付出全部的注意力，在那份注意力之中才会有不攀比的良善。心若是不贪婪，就没有任何组织能够让它变得贪婪。

问：我如何在痛苦的情况下保持觉知，因为我本能地就想把这个痛苦的事件阻隔于外。

克：首先，不论是苦是乐，我都不想把它阻隔于外，我想要了解它、观察它、深入地探索它。把某个东西阻隔于外便是一种抗拒，只要有抗拒就会有恐惧，我们的头脑、我们的心已经被制约成一个喜欢抗拒的东西

了。因此，心能不能认清任何形式的抗拒都是一种恐惧？这意味着我必须去注意所谓的抗拒是什么，彻底地留意抗拒这个东西：它其实是一种逃避或封闭，譬如喝酒或嗑药，任何一种形式的抗拒或逃避都要加以觉察。

问：你能够维持这份注意力多久，先生？

克：这跟时间或持续多久没有关系，你了解吗？你是从时间的长短来进行思考的。

问：这就是我的制约。

克：请留意它，女士，请留意地观察它。譬如你奉承我或侮辱我，我心里便有一种快感或痛苦。我想要的是那份快感，想排除或抗拒的是那份痛苦。如果我够留心的话，将会觉察到什么？我会觉察到什么时候别人在奉承我或侮辱我，我会很清楚地看到这些东西，然后它就消失了，不是吗？下次你再奉承我或侮辱我，就不会影响到我了，因此这跟能不能维持长久的注意力无关。其实当你企图维持注意力的时候，就等于丧失了注意力，不是吗？请再深入地探索一下。一个有觉察力的心绝不会问："我的觉察力能维持多久？"（笑声）只有知道什么是觉察力而丧失了觉察力的心才会问："我如何能一直保持觉察？"因此我们必须留意的就是不留意本身，不是吗？我们要留意的就是何时自己没有在留意，而不是如何保持觉察。只要觉察自己没有在留意或说出了言不由衷的话，就够了，只要留意就够了。不留意会助长灾祸，因此当心觉察到自己没有在留意时，就已经是在留意了，如此一来就什么也不需要去做了。

问：你怎么知道你真的能洞察到自己该如何去做？有时某些行为会伤害到某人，却同时会有益于另一个人。

克：当你清晰地看见了某个东西的真相时——清明的心永远是真实的——那么除了清明的作用力之外就没有别的作用力了，这时受伤或不受伤便无关紧要了。请注意，国家观念就是一种毒药：它已经引发而且将继续引发战争与仇恨。然而无国家观念也会伤害到一堆人：军队、政客、僧侣以及所有摇旗呐喊的人。我一旦知道这是最恐怖的一件事，在我的眼里它就是一种毒药，那么我该怎么办？我本身绝不会去碰触它了。我已经扫除了一切国家观念，但军队可能会说你伤害到了我们。一旦看见什么是真实的，什么是错误的，然后采取行动，就没有伤害或取悦的问题了。如果认清组织化的宗教根本不是宗教，你会做什么呢？上教堂去取悦别人吗？如果不上教堂，我可能会伤到我母亲的心。先生，重要的不是什么东西会造成伤害，什么东西能取悦别人，而是要看到真相是什么，然后真相就会自动运作。

二、我们生活在围墙中

昨天我们说过，人生本是永不间断的挣扎。从生到死我们的人生就是一场战争，于是我们不得不质疑——

不是抽象思考而是真正的质疑——这场战争有没有可能停止下来，人有没有可能彻底活在和平之中，不但内心如此，外在也如此。事实上，根本没有所谓的内外之分——内与外其实是同一种活动。我们总以为这层界分是存在的，不但皮相之内的世界与外在世界有所区隔，而且你和我、我们和他们、朋友与敌人，都有区隔。我们画了一个圆圈：我的周围有圆圈，你的周围也有圆圈，一旦画了这些圈圈——也许是你、我、家族、国家或宗教、信仰、教条或知识的圈圈——这些圈圈就会造成分歧，而这永不停歇的分歧一定会带来冲突。

我们从来无法超越这些圈圈，从来看不到它外面的东西，我们很怕离开自己的小圈子，去查看别人四周的圈子和障碍是什么。我认为这个东西就是恐惧的本质与结构。我们在自己的四周筑起了一道墙，然后把自己封闭在一个私密的世界里，这道墙乃是由各种的程序、概念、语言及坚信不移的事物，小心翼翼地建构出来的。一旦进入这道墙里，你就会害怕走出墙外，这种界分不但会助长各种形式的神经质行为，还会带来诸多的冲突。即使我们放弃了某个小圈子、某道墙，我们也还是会在自己的周围筑起另一道墙。因此我们不断地建构出带着抗拒之心的概念，而且我们很怀疑人有没有可能不带着任何界分感或停止所有的界分，让一切冲突止息下来。

偏见造成人与人的对立

我们的心智受到了各种程序的制约，譬如我们的经验、我们的知识、我们的家庭、我们的国家、我们的好恶，以及种种的嗔恨、忌妒、羡慕、痛苦，或恐惧这个恐惧那个等等，这就是我们四周的墙及圆圈。我们不但害怕墙里面的东西，更害怕墙外面的东西。你可以很清楚地观察到这一点，而这并不需要读很多的书，也不需要研究哲学或其他的东西。一旦读了很多著作之后，你就对自己一无所知了，也不知道自己的内在发生了什么。如果我们能观察自己的内心，不去思考自己应该怎么样，而是去认清自己的真相，这样或许就能亲自发现这些程序与概念——其实只是一堆的偏见与成见——就是这些东西造成了人与人的界分及对立。因此，在所有的人际关系里面都有恐惧及冲突——不只是性、权力、领土权的冲突，还有过去、现在及未来的冲突。

如果你观察心中的这些事实——不是概念，不是从窗外往里面看一看就算了——真的看进你的内心，那么你就会弄清楚自己有没有可能放下所有的公式、信仰、偏见及恐惧，活在和平之中。我们发现历史上的古人及现代人都已经把战争视为一种生活方式了，因此如何止息战争——不是某场战争，是所有的战争——如何彻底活在和平之中而没有任何冲突，乃是每一个人都必须回答的问题。不是片面的或专业性的答案，而是完整

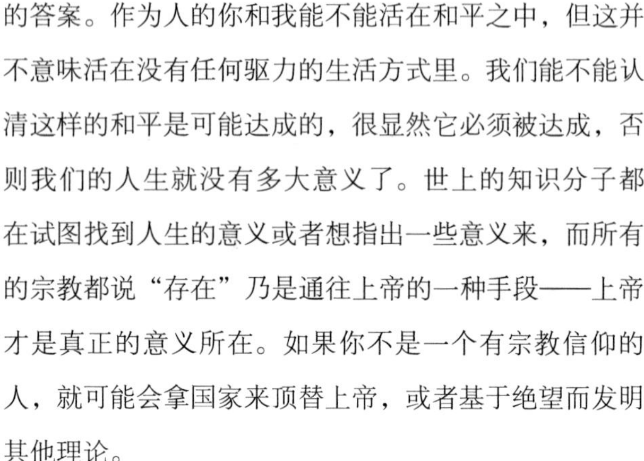

的答案。作为人的你和我能不能活在和平之中，但这并不意味活在没有任何驱力的生活方式里。我们能不能认清这样的和平是可能达成的，很显然它必须被达成，否则我们的人生就没有多大意义了。世上的知识分子都在试图找到人生的意义或者想指出一些意义来，而所有的宗教都说“存在”乃是通往上帝的一种手段——上帝才是真正的意义所在。如果你不是一个有宗教信仰的人，就可能会拿国家来顶替上帝，或者基于绝望而发明其他理论。

因此我们的探索就是要弄清楚人是否能活在和平之中，真的活出它来，而不仅仅是一种理论或概念，然后依据这个程序试图活出平和的心境。其实这样的程序也可能变成一堵墙——我的程序与你的程序、我的概念与你的概念，它们只会造成界分，带来永无止境的争战。因此我们能不能不带着任何程序或界分——也就是没有任何冲突地活下去？我不知道你有没有认真地问过自己这个问题，我们的心是否能从“我”与“非我”的界分之中解脱出来？譬如“我”、我的家族、我的国家、我的上帝，或者我没有“上帝”、“我”、我的家族、我的国家等等概念，或是我没有国家观念，但是却认同“我”、我的家庭、我的概念或某种意识形态。

如何真正活在当下

我们有没有可能一夜之间就从这些东西里面解脱

出来？如果我们接受了渐进的理论，就不是真的在生活了：我们将逐渐得到自由，或者将逐渐活在和平之中。很显然这是不够好的：一个正在挨饿的人一定想要立刻被喂饱。然而什么样的心可以让我们摆脱所有的制约——不是一连串的行动，而是一次的行动就完成这件事？我们目前都活在会制造界分的自我中心活动中，活在一些环绕着准则、意识形态、国家意识、信念或家族观念等等的自我中心的活动中。这些自我中心的活动只会造成界分，制造冲突。这类依照程序而产生的活动——由过去的记忆建构起来的屏障——这个带着自我中心倾向的孤立自我，能不能了断，但不是透过一连串的行动来了断，而是一次的行动就完全了断它？我们总是试图一点一滴地去突破心中的冲突，因此我们从未挖掘到它的根部。我们要问的就是，人有没有可能一次便了断整个界分及自我中心的活动？

如果我们很认真地提出这个问题，会不会等待别人来回答它呢？你会不会等待讲者提出他的解答？但这并不意味讲者在逃避什么，而是你是否在等待别人的答案？如果你够认真的话——如同我们昨天所说的，你必须是认真的，因为只有认真的人才能了解人生是什么，生活是什么——是否会等待别人的解答？如果你等着讲者提出解答，那么这解答将会是一堆概念、一堆话语或是一连串程序，然后它们又会变成另一个界分产生的原因：克里希那穆提的程序或另一个人的处方。如果

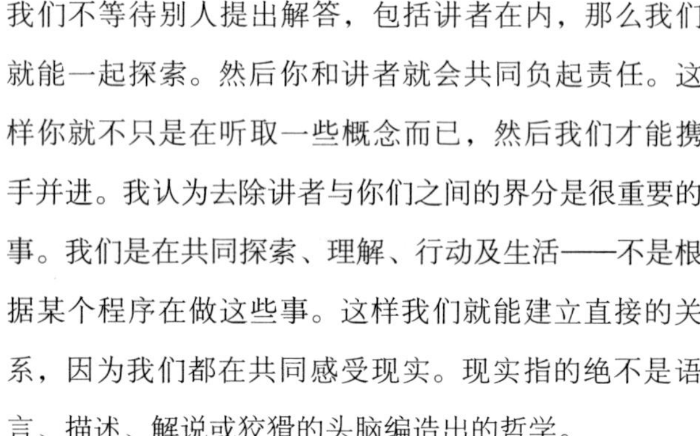

我们不等待别人提出解答，包括讲者在内，那么我们就能一起探索。然后你和讲者就会共同负起责任。这样你就不只是在听取一些概念而已，然后我们才能携手并进。我认为去除讲者与你们之间的界分是很重要的事。我们是在共同探索、理解、行动及生活——不是根据某个程序在做这些事。这样我们就能建立直接的关系，因为我们都在共同感受现实。现实指的绝不是语言、描述、解说或狡猾的头脑编造出的哲学。

因此，我们每个人如果够认真的话，那么我们的问题究竟是什么？我们的问题就是如何在日常之中生活——不是活在一个浪漫的想象世界里，也不是活在一个严禁使用药物、教条主义式的世界里，更不是躲到寺庙里去生活——而是如何活在此地、当下及每天的生活里，如何活出祥和、高度的智慧，没有任何挫折或恐惧，充满着至乐，全心全意地过日子——这当然暗示着冥想——其实这就是最根本的问题所在。另外还有一个问题就是，我们能不能彻底而非局部地去了解整个人生：彻底投入人生而不是只专注于某个局部，彻底涉入于整个人生的过程而没有任何痛苦、不幸、困惑、冲突，这才是真正的问题所在。因为只有这样，我们才能建立一个截然不同的世界，而这才是真正的革命，一种心理上的革命，从其中自然会产生立即的外在革命。让我们一起进行探索——不是你坐在那里，我坐在台上——让我们共同检视一下整个人生，以便对它产生真正的了解，不是依赖别人的理解，由别人来告诉我们如何了解它。我们必须是自己的老师及学生。

墙里墙外的恐惧

因此我们发现这些界分，这些由“我与非我”、“我们与他们”所形成的程序，只会引发恐惧。如果我们能觉察到恐惧的整体，就会了解某个特定的恐惧。只是试图去了解某个特定的小恐惧，不论这恐惧被修饰得多好，其意义也不大，因此你必须了解整个与恐惧有关的问题。恐惧往往会摧毁自由，你或许懂得反叛，但这并不是自由。恐惧只会曲解所有的思想，恐惧也会破坏所有的关系。请注意这不只是一些说词：这是整个人生很明显的问题——自始至终我们都有恐惧，我们害怕公众的意见，怕自己不成功，怕孤独，怕没有人爱，我们拿自己跟一些英雄相比。故而引发了更多的恐惧，这些恐惧不只存在于心智的表层，同时也埋藏在内心深处。

因此我们要问的就是，恐惧能不能止息——不是渐进地，也不是一点一滴地，而是当下彻底消除掉。然而恐惧到底是什么？我们为什么会害怕？我们怕的是圆圈里面的东西，还是外面的？或许就是这些圆圈造成了恐惧？你了解我在说什么吗？我们并不是在找出恐惧的某个特定的因素，因为就像我们昨天所说的，发现恐惧的原因，透过分析了解因与果，并不一定能止息恐惧。这个游戏我们已经玩了很久了，如果能看见恐惧就像看见

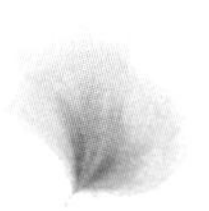

眼前的麦克风这么真实，那么请问这恐惧到底是在墙里，还是在墙外？或许就是因为有这堵墙，恐惧才会存在？很显然它是因为有这堵墙才存在的，不是因为你在墙里面，或者因为你害怕看见墙外的东西。当你真的去观察它的时候，你会很清楚地看见它之所以会存在，就是因为有这堵墙。那么这堵墙又是如何出现的？

请记住我们是在共同探索，因此你并不是在等待讲者的回答。我们是在携手并进，所以你不能突然把手抽开，然后说："你走在我的前面，请告诉我该怎么办。"在共同探索的途中，我们的言语沟通必须带着热情、理解及情感上的共鸣，因为我们关怀的是人类共同的问题。这不只是我解决了我个人的问题，所以你必须接受我的意见。这是我们共同的问题。

思想造成了界分

那么，这堵由抗拒、界分及分歧所造成的墙，到底是怎么产生的？在我们所做的一切事情之中，在我们所有的关系之中，不论这种关系有多亲密，都存在着会造成困惑、不幸与冲突的界分。这层障碍到底是怎么形成的？如果我们真的能了解它——不是头脑或字面上的理解——真的认清并感受到它，我们就会发现它已经被终结掉了。让我们深入地探讨一下。如果要你回答这个问题，不知道你的意见会是什么？我们每个人都有意见或者会提出某种意见——我的意见永远是对的，而你的永远是错的。虽然我们可以用辩证法来解释它，可是我们关心的并不是辩证式的解释，也不是要达成确切的结论。真理绝不在意见或结论之中。真理永远是崭新的，因此心智不能带着结论、意见或论断去接近真理，它必须是自由的。所以当我们问道：这堵抗拒之墙是如何产生的，我们并不是在寻求意见，也不是在寻求一个博学之人的解答——因为这里没有权威。我们是在共同观察、检视、深入地去感受这个问题。

很显然这堵墙是透过思维的机制产生的，不是吗？请不要拒绝这个说法，只要观察它就够了。如果你从未想过有关死亡的事，就不会害怕死亡。如果你没有受到基督教、天主教、新教、印度教、佛教或者天晓得其他什么教的影响，若是你从未受到这些宣传或思想制约，是不可能有屏障的。我们可以很清楚地看到这些“你和我”的想法如何造成了障碍。因此思想不但制造出这堵由自我中心的活动砌成的墙，而且还在这堵墙内制造了属于自己的活动，因此思想造成了界分，也制造出了恐惧。

其实思想就是恐惧，如同思想就是快感一样。我发现了某个非常美妙的东西，譬如一张美丽的脸孔，可爱的夕阳，昨天发生的一件令人愉悦的事，思想不断地在忆念这些东西，忆念着它有多么美好。请仔细地观察这一点：思维活动本身就会让快感延续下去，因此思想不但得为恐惧负责，还得为快感负责，这是很显见的

事。因为你很享受下午的这顿饭，所以你很想再度品尝到它，或者你曾经有过美好的性经验，于是不断地回味它，左思右想，制造出一些意象来，并且想再度品尝那份滋味，而这便是我们所谓的爱。

思想一旦制造出了围墙这个圈圈或是一份抗拒力及信念，就会害怕别的东西可能进入墙内，或者怕这堵墙倒塌。因此恐惧与快感都是由思想引发的，你不可能只有快感而没有恐惧，它们是同时存在的，因为它们都是思想的孩子。而思想又是心智的蠢孩子，因为它关切的只有快感与恐惧。请仔细地观察这一点，让我再提醒你们一次：我们是在共同探索，你们是在透过这些话语来观察自己，检视自己。

因此恐惧、痛苦与快感都是思想的成果。要活在这个科技世界里，思想的运作就必须是客观的、健康的、合乎逻辑的以及清明的——不过在人际关系里，思想却没有什么作用，因为思想一旦介入人际关系，就会形成恐惧，然后又会出现苦与乐的感受。我并不是在说什么疯话：你亲自检视一下就知道了。思想就是记忆、经验与知识的反应，因此它永远都是老旧的，而且绝不可能是自由的。虽然我们有所谓的“思想自由”这种东西——想说什么就说什么。但思想本身从来不是自由的，而且永远也不会带来自由。思想往往会助长恐惧与快感，但绝不会助长自由，只要有恐惧与快感，爱就不存在了。爱既不是思想，也不是快感，但是对我们而言，爱就是一种快感，因此会助长恐惧。

从智慧中产生行动

我们一旦察觉到人生到底是怎么一回事——不是我们希望它应该怎么样。也不是依据某个哲学家或圣僧的说法，而是如实地觉察到它的真相——我们就会质疑思想是否能放在它正确的位置，而又不至于干预到每一份人际关系，但这并不意味在思想与非思想之间存在着一种界分。你知道吗？先生，很不幸地，我们都必须活在这个世间，为自己赚钱谋生，去办公室上班。如果世上能出现一个相当不错的政府，那么也许我们一星期只要工作一天就够了，其余的留给计算机去管理就行了，这样我们就会有足够的余暇时间。但只要这种情况不出现，我们就必须靠自己赚钱谋生，并且得有效而彻底地投入谋生这件事。但是那份有效性一旦透过贪欲或成就欲——“我与非我”所造成的屏障——而变得丑陋时，就会引发竞争及冲突。认清这一切之后，我们要如何高尚地、有效地、不带着任何残忍之心地生活下去，而且要跟人自然及其他人建立起完善的关系，里面没有任何“我与你”的阴影——由思想制造出的屏障？一旦认清了我们所谈到的这一切，不是表面上而是真的认清了——那么这份认识就会拆除掉那堵界分之墙。一旦看见了某个东西的危险性，譬如一处断崖或一头野兽，你自然会产生行动，这样的行动虽然仍旧是制

约的产物，但绝不是从恐惧之中产生的，它是一种从智慧中产生的行动。

同样的道理，一旦能理智地认清整个结构，认清界分、冲突、奋斗、不幸与自我中心的本质——真正看见它的危险性，就意味着了断了它。这中间并不涉及“如何”的问题。因此，重点就在于深入地探索这一切，弄清楚世界的真相，而不是由别人来引领你，因为这条路上根本没有向导。世界的真相就是永无止境的痛苦以及令人惊骇的混乱，真实地认清了这一切，这些问题就会止息下来。

如果你们有意愿的话，我们可以透过问答来深入地探讨一番。好不好，先生们？

问：什么是“真实地”看见某个东西？

克：你能不能真实地去看你的妻子或丈夫，还是你总是透过某种印象、意见或结论来看他们——其实等于什么都没看见。如果是这样的话，关系就不存在了，因为关系意味着接触与连续。如果丈夫充满着野心、贪欲、忌妒、成就欲、担忧、疲惫，而且总是活在自己的圈子里，而妻子也总是活在自己的圈子里，那么哪儿来的关系呢？但这就是我们所谓的关系：我的家庭相对于世界其他的部分。如果真的认清了这一点，真的透过观察而觉知到这些意象——不是发明出来的而是真实的意象——那么发现意象的本身就能把这些意象去除掉。

你知道吗？最困难的一件事就是提出问题，但我们必须提出问题，我们必须质疑地球上的每一件事，质疑我们的结论、概念、意见及论断——对每一件事都质疑——同时也得知道何时不该质疑。就像对待一只拴了链子的狗一样，有时你必须解开它的链子，因为从自由之中才能发现真相。然而提出正确的问题需要极大的警醒度、智慧以及对问题的觉察。

其实我也可以很轻松地面对问题，很轻松地寻找答案，但我若能全心全意地探索这个问题，不试图逃避它，那么在这份探索之中就会发现问题的答案。因此当你提出一个问题时——这并不意味讲者在阻止你提出问题——就必须为你的问题负责。理解一个答案比如何提出问题更重要，因为这个答案很可能是你不喜欢的。你可能会拒绝接受它，因为目前你还看不到它的价值所在，因此它不能取悦你。

问：我有一点弄不清楚，思想、感受、知觉与情绪的差异何在？

克：先生，什么是知觉？一种刺激反应。你看到了一张美丽的面容或是可爱的色彩，伴随着这份知觉而来的就是觉察，一份联结感，然后就产生了欲望，接着思想又介入进来，说道："啊，我真想拥有这个东西！"这一连串的知觉、觉察、联结、欲望，都会被思想强化："我想要它或我不想要它"，"这是我的或这不是我的"，等等。接着又会产生另一个问题，那就是，我们

有没有可能看着一张美丽的面容或夕阳而没有思想的干预，或者换另外一种说法，我们有没有可能只是觉知而没有经验——这比所有的经验都要美妙得多。我有没有解释得很清楚？还是这句话听起来不大合理，甚至有点疯狂？先生们，你们可能看到一辆美丽的车子（**听众的笑声**），或者看到一张美丽的面孔，后面这种感觉更好一些（**听众的笑声**）——然后就出现了一种知觉：你很想触摸它、欣赏它。于是思想便开始生起，接着整个苦或乐的机制就产生了。因此，我们有没有可能只是单纯地欣赏那张美丽的面孔，而没有痛苦或快感的干预？你们知道我在说什么吗？先生们，这真是一个很有趣的问题。

我们在心理上是如此地依赖别人，而这份依赖性乃是奠基于痛苦与享乐之上的。因为知道依赖会造成痛苦，所以我们试图从依赖之中培养出自由来，但是这种培养的方式又会引发别种形式的恐惧、冲突与痛苦。我们从不质疑为什么人会在心理上依赖别人，虽然你在生活上会依赖送牛奶的人或邮差，但这是截然不同的另一回事。因此为什么我们会在心理上产生依赖性，是不是因为我们的内在有许多匮乏感？我们觉得很孤单？你首先会依赖的东西不就是快感或知觉的产物吗？因此依赖既是思想的产物，也是思想的肇因，对不对？这显示出经验真是一个非常复杂的东西，然而我们每个人都在追求更有意义、更伟大的经验，我们从不停下来问一问自己为什么要有心理上的经验。如同我们接纳了许多的事物一样，我们也认为开悟、理解、拥有至乐都需要经验，但真相刚好相反，只有一颗单纯的心才能拥有至乐——只有一颗单纯而非被经验拖累的心，才能拥有至乐。进一步来看，所有的经验都是奠基于恐惧与快乐的界分之上的，都是根据我们的好恶来决定要不要经验它。

问：真爱要不要求成长？

克：难道还有假爱吗？（听众的笑声）先生们，请不要笑，我们很容易会笑话那些触动内心深处的东西，而且很可能一笑置之。我们真的知道什么是爱吗？还是我们只知道痛苦、快感、忌妒或困扰，而我们竟然还称其为爱？一个野心勃勃的人，充满着竞争性的人，一个专门研究某一门学科的人，能够知道什么是爱吗？一个害怕失败、极力想成功的人，会了解爱是什么吗？你可曾有过爱与忌妒同时存在的情况？一个有爱的男人或女人，会不会忌妒、掌控、占有、执著或依赖？事实上我们知道的只有快感与痛苦，但我们却称其为爱，而且通常会将其转译成性。因此性已经变成了一个不得了的问题，但这并不意味我们该对抗它——对抗任何东西都是很恐怖的事——而是要如实地观察它。你们知道的只有痛苦与快感，因此我们所谓的爱根本就不是爱。爱是无法培养的——如果它能够像植物一样，我们可以为它浇水、施肥、仔细地照料，那么事情就好办了。如果你能这样去培养爱，事情就简单了，但不幸的是它无法以这种方式培养出来。爱是截然不同的另一种东西，里面没有任何痛苦或快感，因此我们必须了解恐惧、快感以及其他的东西，然后才能去除所有的界分。

问：世界目前的真相是人都处于绝望中，一切都很混乱，这就是事实。然而究竟什么东西可以改变人类，有这种可能性吗?

克：先生，世界跟我们是分开来的吗？我们每一个人不也都处在失序、困惑之中吗？我们不都身陷冲突中吗？——由二元对立、矛盾及相反的欲望所带来的冲突？这一切都是一种失序的状态，而你的问题却是：改变是否值得。这是不是你的问题？

问：不，不尽如此。人们确实渴望改变，但是面对世界的失序情况，令人不禁质疑改变的本质到底是什么?

克：改变的本质就是否定失序。失序无法变成秩序，但否定失序就是一种改变，否定本身就是一种改变，否定失序就是改变的积极本质。也就是说，我看到了内心的失序，譬如愤怒、忌妒、残忍、暴力、怀疑、内疚感——这些人类都有的情况，我觉察到了这些东西。我的心已经彻底觉知这一切，那么它能不能否定这些失序的情况，排除掉它们？当他这么去做的时候，那份改变本身就是一种正向的秩序。正向的状态只能借由否定而呈现出来。请留意，先生们，如果我发现国家主义、宗教的分歧及信仰所带来的界分全是一些冲突与失序，我很确实地看到了这一点，那份感受就会深入于我的血液中。然后我真的将它们排除掉：我深深地觉得自己不属于任何国家、任何宗教派别，也不认同任何教条或信念。其实否定错误的东西就是一种改变，也就是真理本身。

问：这跟你所说的不是有点矛盾吗？你曾经说过，如果发现自己的内心有忌妒，不要去否定它，要跟那份感觉合一？

克：不是这样的，女士。我说的是观者即是被观之物。如果观者说："我跟忌妒有所不同。"那么观者与被观之物就会产生冲突。让我们慢慢探讨。人类的问题就像其他事情一样是非常复杂的。因此让我们把玩它一下，亲自去审视一番。你知道吗？如果妻子跟我是分开来的两个人，我们的关系就不见了，然后这个"我"就会以独立的身份来观察妻子，这样的界分就会导致冲突，这是很明显的事。当我与忌妒有了界分时，冲突就会出现，譬如："怎样才能排除掉它呢？忌妒应该是正当的反应啊！忌妒是一种很享受的感觉，因为它就是爱的一部分。"或是其他种种的讲法。但如果观者与所谓的忌妒之间没有界分，那么他就是那忌妒本身了。他不会变成一个忌妒的人，因为他就是它，这时你该怎么办？你了解这个问题吗？

听众：这不就是那位女士要问的问题吗，先生？她

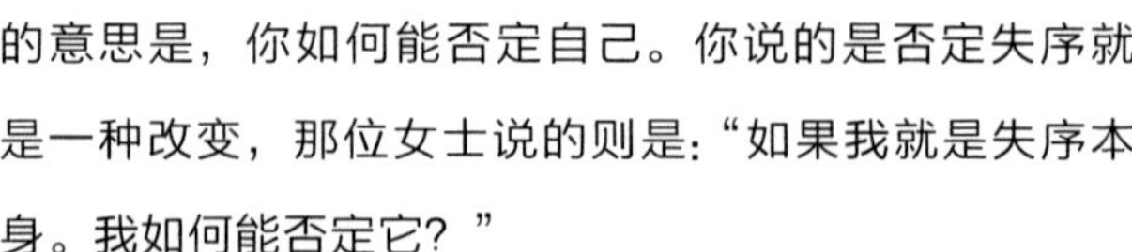

的意思是，你如何能否定自己。你说的是否定失序就是一种改变，那位女士说的则是："如果我就是失序本身。我如何能否定它？"

克：哦！我会解释的。如果我本身就是失序，又如何能否定失序呢？我就是我的国家，我就是我的信念，这种种失序的东西。如果这个"我"否定了失序，那么这个分裂出来的我就会制造另一种失序，这位女士，这就是你的问题，对不对？当你说否定失序的时候，你的意思是什么，在那里否定失序的到底是谁？请一步步地去思索这件事。失序就是由思想造成的：我的信念与你的信念、我的神与你的神、我的程序与你的程序、我的偏见相对于你的偏见。因此"我"与"我的思想"就是一种失序，而我即是我的思想，不是吗？思想就是我。"我"就是失序。因此，一个人如果否定了这一切，我指的是否定思想而不是否定失序，不是"我"否定它，请留意，"我"就是一种失序。这份失序乃是由思想造成的，而思想就是我，它只会造成界分，这便是事实。那么，那个想要否定失序并且想排除掉它的人到底是谁？那个想要改变这一切的究竟是什么东西？大家有没有弄清楚这件事？其实一旦否定了失序，空寂就出现了。

任何一种思维活动只会引发进一步的失序，接下来你可能会问：思想如何止息下来，谁能让这个夜以继日不断在进行的活动停下来？

思想本身必须否定它自己，思想发现自己正在做什么，它察觉它必须止息下来。除了它自己之外没有任何一个元素能办到这一点。因此思想一旦发现自己无论产生任何一种活动都是失序的，它就会安静下来。从失序的状态中产生的改变就是一种空寂。我不知道你们有没有感受过或发现过空寂的质地。当身心都变得非常宁静的时候，也就是说，当你真的很想清晰地去看某个东西时，或是真的在全心全意地聆听某个东西时，你的身体和你的心都会非常安静。这不是一种技巧，这是一种纯然的宁静。同样，当彻底的空寂出现时，失序和想要改变的态度才会解除掉，因此带来秩序的绝非思想而是空寂本身。

问：人类是不是总想拥有令他愉悦的东西?

克：我们不都是这样的吗？我们不都想拥有能够让我们开心的东西吗——譬如墙上的照片、美丽的建筑物、男人或女人，因此当我们拥有一件自己喜欢的家具时，我们就是那个家具了。但是家具如果遗失了，我们就会感到伤心，这就是我们为什么会执着于自己的先生、妻子或家庭的原因。我们在家的四周编织了一个网，然后让它跟其他的世界产生对立。如果没有那堵墙或圈圈，家能不能存在？你们这些拥有家室的人应该尝试一下，看看会发生什么事。你会发现事情可能变得截然不同，然后你就会发现爱是什么，并且会亲眼目睹爱所带来的改变是什么。

三、认识你自己

在我们可能要探讨的许多事情中间，最明显与最重要的就是我们为何无法改变。我们可能会一点一滴地改变，但为什么无法从根本上改变我们所有的行为举止、我们的生活方式、我们日常生活的本质？外在世界的科技正突飞猛进地发展着，但我们的内心多少世纪以来却没有多大的改变。我们仍然处在陷阱之中，而这陷阱是很可怕的——因此我们很怀疑我们为何无法突破，为什么我们仍旧是沉重的、愚蠢的、空洞的、头脑简单的、肤浅的以及迟钝的？是不是因为我们不认识自己？如果我们把各种专家学者的理念、主张及教条搁在一边，我们就会发现我们从未真的认清过自己，从未深入地发现自己的真相是什么，这是否就是我们无法改变的原因？还是因为我们的能量不足，或者已经感到非常乏味了——不但对自己，同时也对这个世界感到乏味？这个世界除了能提供我们一些汽车、更大的浴室或其他东西之外，并不能带给我们什么。因此我们对外在世界感到乏味，同时也对自己感到乏味，因为我们不知道如何从陷阱中挣脱出来。同时我们也可能太懒惰了。进一步来看，认识自己并不能带来什么利润，也没什么奖赏，而我们大部分的人都已经受制于获利的动机。

这些也许就是我们无法改变的原因。我们都知道陷阱是什么，我们也都知道人生是什么，但我们还是步履蹒跚地、疲惫地走下去，直到死亡为止。这似乎就是我们的命运了。然而深入于内在并转化自己，真的是这么困难的一件事吗？我不知道你们有没有观察过自己、认识过自己？自古以来“认识你自己”一直是被重复述说的一句话。在印度，这是一种假设性的主张，在古希腊，它是被重复提出的谏言，近代的哲学家也试图说明它，但是却被他们的专门用语及理论复杂化了。

人到底有没有可能认识自己——不但在表层意识，同时也对内心深处产生了解？缺少了自知之明，很显然你就没有任何基础来产生清明的认知及严肃的行动。人如果不认识自己，就会活得相当肤浅。你可能很聪明，可能博览群书，并且会引用他人的说辞，但如果你不认识自己，又如何能超越肤浅的层次呢？因此，人有没有可能彻底地认识自己，并且从这份观察之中产生解脱的行动？也许我们今天下午可以一起来探索这个问题。在探索的过程中我们可能会巧遇爱或死亡。我们也许会因此而了解爱是什么，死亡是什么。

身为人类的一员，我认为我们可以在活着的时候发现死亡，以及发现爱是什么，因为这些都是我们日常生活的一部分。我们能不能不带着恐惧和偏见，不带着公式和结论去探索自己，并且能发现自己的真相是什么，而这样的探索是需要自由的。除非我们心中有自由——从各种理论、结论、假设与偏见之中解脱出来的一份自由，否则根本无法探索自己或探索我们从属的这

个宇宙。

此外，探索还需要有敏锐的心智，一颗敏感的心。心中若是有任何形式的偏见，就不可能敏感，也就没有能力探索整个结构了。因此让我们深入于这个问题，但仅仅通过言语的沟通还不够，还要有非言语的共鸣才行，而这是更令人振奋的一种沟通方式，不过双方都必须有极大的专注力才能办得到。只要心中有探索的自由，就会产生这种能量，不过只要有了结论或依循某种程序，就会失去能量、动力以及必要的专注力，因此让我们暂时把所有的结论、偏见与程序搁在一边——那些有关“我们是什么”、“我们该怎么样”、“我们不该怎么样”等等的想法，把这一切都搁在一边，然后去进行观察。

我们只能通过关系来观察自己，我们没有其他观察自己的工具了，因为我们都不是独自存在的人：我们和周围的一切事物都有关联。借由觉察自己在关系之中的反应、思想及动机，我们可以静默地认清自己的真相。

无拣择地觉察自己

然而观察的工具到底是什么，这个正在觉察的又是什么东西？我们必须把这件事弄得很清楚才行。我们通常是从窗外朝着窗内觉察，就像在橱窗外浏览一家商店似的，或者你是从内在而非从外面来觉察自己，如果你是从外面来觉察自己，你就跟真相失去了联结。我认为我们必须把这一点弄得十分清楚才行。我们可以从墙外来看自己，但这样的觉察是相当肤浅的，没有联结的，不负责任以及不合逻辑的。当我们在分析自己的时候，永远有一个分析者与被分析之物的区别，这名分析者就是那个正在批判、衡量、掌控、压抑等等的人，他永远在朝着墙外观看。那么有没有可能真实而亲密地觉察自己，也就是说，人能不能不带着思想者或观者的意识去看自己——这个观者永远站在外面看着自己，它就是那个监督者。那个在衡量的存有，它总是说“这是对的”、“那是错的”、“这是应该的”、“那是不应该的”，这一切都会使一个人的觉察变得十分有限，而且总是根据社会、环境、文化的制约来看事物。

因此，我们真正的问题就是如何进行觉察——不是以一个对自己下结论的观者身份去看，而是真的去进行觉察，也就是要无拣择地、没有特定方向地、不抱持应该怎样或不该怎样的态度，真实地觉察当下所发生的事。若想做到这一点，就必须从所有的结论及承诺之中解脱出来。因此，要做到静默地觉察，不以局外人的身份来观察自己，就必须从所有的恐惧以及想要改善的念头之中解脱出来。如果拥有了这项工具，就能继续往下探索，但因为我们已经排除了所有会造成观与被观之界分的东西，所以还有什么东西可以被发现吗？

我们要以清晰的双眼、无碍的觉知来觉察自己，里面不带着任何传统社会的道德干预——其实这种道德根本就是不道德的。一旦把所有的结论、程序、恐惧、想要变成另一个东西的欲望全都放下时，还有什么东西是存在的？其实我们只是一连串奠基于苦、乐、回忆及过往历史的经验罢了。我们就是过往的历史，我们的内在没有什么新鲜东西，当我们如此自在地去觉察自己时——若想变得逍遥自在，就必须把这些东西放在一边——我们究竟发现了什么？我不知道你有没有问过自己这个问题？我们与这个所谓的人生到底有什么关系？人生的真相是什么？当然我们可以很快地看见它的真相：永不停歇的挣扎、冲突与争战——不但我们内心如此，与别人的关系也是如此——其中有痛苦，有一闪而逝的喜悦，还有恐惧、绝望以及一连串的挫败，埋在显意识与深层意识里面的冲突与矛盾，处在一种毫无关系的状态里。还有巨大的痛苦，通常是一种自怜、孤独与乏味感，然后我们又企图借由宗教信仰来逃避这一切，于是便形成了我的神与你的神的界分，这便是我们的真实人生。花了40年的时间到办公室上班——你知道的，我们对这类的事都感到很骄傲，但里面净是攻击与残忍，这便是我们的人生以及所谓的生活，而我们都不知道该怎么去改变它。我们只急于改变社会的表层结构——以新的体制取代旧有的，等等。然而只有当内心产生深刻的变革时，外在的改变才有意义：其实内在与外在本是同一种活动，它们不是分开来的。

因此，认清了这一切现象之中的疯狂，为什么不去改变它呢？我怀疑我们是真的认清了生活的真相，还是只有字面上的了解——在这里我们必须明白，描述或解释绝非那被描述或被解释的事物本身。若是认清了这一切的困惑、不幸与艰苦，我们为什么还会接受它，为什么会继续下去？我们是不是在等着另一个人来帮助我们解脱这一切？历史上出现过无数的老师、上师及救主，但我们还是站在原地不动，因此我们已经失去了或丧失了对另一个人的信心。我真希望你们是这样的。但这并不意味你们会变成一个愤世嫉俗、怨天尤人或冷酷无情的人，而是确实没有人可以帮助我们看见内心的问题。一旦看见日常生活的真相以及其中的折磨与不幸，那为什么不全心全意地去了解并突破它呢？如果不去做这件事，就无法在根本上产生变革，那么受教育又有什么用，得了博士学位或其他东西，又能带来什么助益？

现在我们必须问的是，能突破这层桎梏或恶性循环的能量，具有什么样的本质？什么东西能带来必要的动力？很显然这股动力绝不是来自于语言，也不是从别人的主张或结论之中产生的。这股能量的本质就是自由。但我们所谓的自由，并不是为所欲为、放浪形骸、反叛或无纪律的行动等等。自由绝非缺乏纪律。相反，自由是需要极大纪律的。请注意，大部分人都把“纪律”当成是一个丑陋的字眼，其实它真正的意思是“认识”。这个词的词根指的就是去认识而非臣服，去学

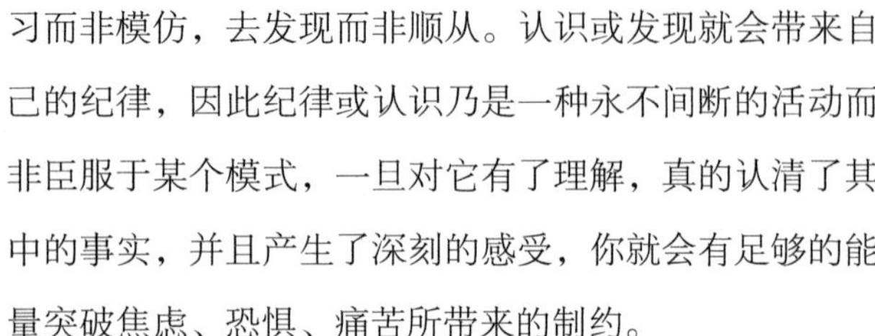

习而非模仿，去发现而非顺从。认识或发现就会带来自己的纪律，因此纪律或认识乃是一种永不间断的活动而非臣服于某个模式，一旦对它有了理解，真的认清了其中的事实，并且产生了深刻的感受，你就会有足够的能量突破焦虑、恐惧、痛苦所带来的制约。

在了解心理结构的过程中必须提出两个重要的问题：什么是生活——我们已经在试图厘清这件事——以及什么是爱与死亡。这些都是我们生活的一部分，而生活的神圣性就在于能否发现爱是什么、死亡是什么。只有活在当下——不是活在过去或未来——才能发现这份神圣性，然后我们或许就能发现什么是爱，什么是死亡了。如果不知道什么是爱或死亡，就不可能知道什么是生活。

死亡

让我们大部分人如此恐惧的死亡究竟是什么东西？一个神智健全、健康而又理性的人，能不能发现死亡的内涵？当然我们指的不是等到年老、得了重病、快要失去知觉的时候，才发现死亡是什么。你们对这个问题是否感兴趣？我们可能不会像老一代的人那么感兴趣，因为我们还有的是时间，但死亡是每个人都必须关心的问题——年轻人、中年人、老年人以及垂死之人都必须关心它。如同我们试图去厘清生活究竟是什么——我们指的当然不是活在争战、冲突与不幸中，而是要活得尊严及神圣（希望你们不至于藐视这个字眼）——我们也要以同样的方式去发现死亡是什么。

我不知道你们对这个问题有什么反应，你们可能会害怕，或者有自己的一套理论，还是你们相信有所谓轮回之类的东方式信仰。东方人相信轮回，却不愿意在此生检点守分，相信自己还有另一次机会是一种很舒服的理论，但若想把这一切搁置一旁去了解当下是什么，就必须先了解过去是什么。你不能说“我要活在当下”——这是没有意义的想法，因为当下就是过去通往未来的走道。当你对自己说“我要活在当下”时，这个“你”正是过去历史的产物。你也许会在自己的周围画个圈圈，然后说:“这便是当下或现在。”但这个活在当下的存有正是过往历史的产物：它整个人都是老旧的。活在当下或现在——不是一种意识形态、结论或主张——彻底地活在眼前这一刻，意味着你必须是自由而无拘无束的。

问自己什么是死亡，并不是一个神经过敏的问题。相反的，它显示出此人是非常健康、清明而平衡的，否则他不可能提出这个问题。这意味着此人已经不再害怕厘清死亡这件事。很显然肉体会消失，这个有机体会因为不断地被使用及拉扯而瓦解，但如果我们能清明地生活，不给它太大的压力或刺激，也许它还能维持得久一点。医生及科学家们也可能会发明一些药丸让人延长 40 至 50 年的寿命——虽然我不太明白在这个桎梏

中多活50年有什么意义。我们询问死亡究竟是什么的同时，也必须探究毫无痛苦地活着是什么意思。也就是要停止我们所知道的这种生活方式，因为死亡就是什么事情都停止了。印度教徒所谓的“灵魂”或“小我”只是个名词罢了，我们并不知道是否真有灵魂这个永恒的东西，我们的内在真有一个永恒的东西吗？还是我们希望里面有个永恒的东西？当我们真的去观察自己时，你会发现并没有一个永恒的东西存在着。一切都在不断地变迁之中，而且当死亡来临时，我们所知道的一切都会消失，包括家庭、孩子、工作。你想要完成或已经完成的书、所有的经验、一切累积起来的东西与责任，全都会消失。无论心理上或肉体上的已知事物都会毁灭，这便是死亡。我想大部分的人都会赞同这一点的。

然而人有没有可能每天都让所有的已知事物死亡——当然技术上的知识、回家的方向等等除外。换句话说，一个心理上每天都在结束的人，才能让心保持年轻、无邪与清新，这便是死亡。若想达到这种境界，就不能有恐惧的阴影，而放弃所有的争论、所有的抗拒即是一种死亡。你有没有试着去做过这件事？没有任何牢骚、没有任何拘束、没有任何抗拒地放下最令你享受的事物（当然也包括那些你很想放弃的、最令你痛苦的事物）？试试看，真的，放下它们，如果能做到这一点，你就会发现自己的心变得警醒、活泼、灵敏、自在而没有负担。如此一来，年老就有了截然不同的意义，它就不再是件恐怖的事了。

爱

我们必须为自己去厘清“爱”是什么，这可能是最沉重的一个名词了。每个人都在使用它，而它被使用的范围可以从最诡诈到最单纯。但它究竟是什么东西呢？爱究竟是什么样的境界及心态？爱是一种享乐吗？请务必问自己这个问题。爱是一种欲望吗？如果它是一种享乐，那么痛苦一定随之而来，如果享乐及痛苦与爱是连在一块儿的，那显然就不是爱了。不知道你还记不记得，早先我们已经发现享乐乃是思想的产物，一直回味着某一次的性经验，不断地堆砌你对它的意象，就会让那份快感延续下去。思想会引发快感，同时也会助长恐惧——对未来或过去曾经做过的事、肉体的痛苦以及病痛可能会复发的种种恐惧。因此，思想只会助长快感、恐惧及痛苦，而这些东西能够被称为“爱”吗？但我们所知道的就是这些东西了。这些便是我们所谓的“爱”。我爱我的妻子，我依赖她带给我性快感，她为我烧饭、持家，当她转头去看别人时，我就会愤怒和忌妒——这便是我们的爱。然后人又发明了对神的爱——一个对你没有任何要求，不会批判你的神。你把它放在口袋里，你很确定它会保佑你，即使你是焦虑的、忌妒的，如此一来，它便助长了你的残忍。

这所有的一切都是我们所谓的“爱”，但这些真的

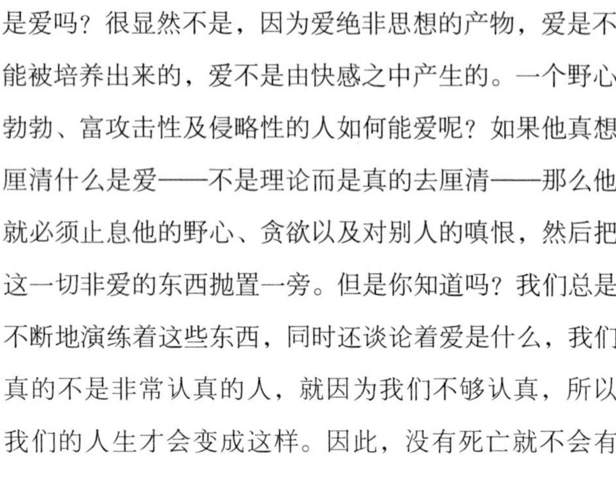

是爱吗？很显然不是，因为爱绝非思想的产物，爱是不能被培养出来的，爱不是由快感之中产生的。一个野心勃勃、富攻击性及侵略性的人如何能爱呢？如果他真想厘清什么是爱——不是理论而是真的去厘清——那么他就必须止息他的野心、贪欲以及对别人的嗔恨，然后把这一切非爱的东西抛置一旁。但是你知道吗？我们总是不断地演练着这些东西，同时还谈论着爱是什么，我们真的不是非常认真的人，就因为我们不够认真，所以我们的人生才会变成这样。因此，没有死亡就不会有爱，因为爱是永远崭新的，它不是与性或快感相关的例行公事。

性

对世上大部分的人而言，性已经变成了一个不得了的问题，也可以说是我们非常喜欢的问题，但你可曾质疑过为什么会变成这样？人类似乎才刚刚发现性这个东西，否则那些杂志或媒体不会把它当成一个探讨的主题。它为什么会变成一个持续不断的问题，为什么它会跟爱扯上关系？某些聪明人也许已经想出了一些论点来证明人为什么会对性感兴趣，但是你能不能把所有的专家或上师们说的话搁到一边，亲自去体认人为什么会陷身于性之中？

你必须回答这个问题，你不能漠视它，因为它本是人生的一部分，而人生已经变成了一场不幸的战争。因此，性为什么会变成一个问题？或许我们应该问的是，为什么性会变成唯一让人感到自由的事？在其中人可以完全忘掉自己：那一刻他所有的不幸、回忆、折磨、竞争性、攻击性、暴力与争战全都消失了。他已经不存在了。因为他可以消失于性之中，所以性才会变得这么重要；那时已经不再有“你”与“我”、“我们”与“他们”的界分。这样的界分终于止息了下来。也许在那一刻你终于找到了最大的自由，性会变得如此重要，就是因为它是唯一可以让我们发现自由的一件事，在其他的事物里面，我们都是不自由的。在心智上、情绪上以及肉体上我们都是受制的二手人，完全被我们的科技社会所塑造，因此除了性之外就没有真正的自由了，于是性才变得重要起来。

正因为如此，它才变成了一个问题，但我们不是说你不能有性活动——如果是这样就太荒谬了。我们指的是我们能不能不再做奴隶及二手人，能不能不再重复那些没有多大意义的话，不再活在意识形态的世界里——按程序而活，因此并不是真的在生活？如果我们在心智上和情感上都获得了自由，也许性的问题就不会那么严重了。

觉察到了这一切，认清我们自始至终从没改变过，接下来我们要问的就是，人为什么没有足够的能量去改变自己？我们拥有非凡的精力可以登陆月球，却没有足够的能量改变自己。我可以向你保证这是最简单

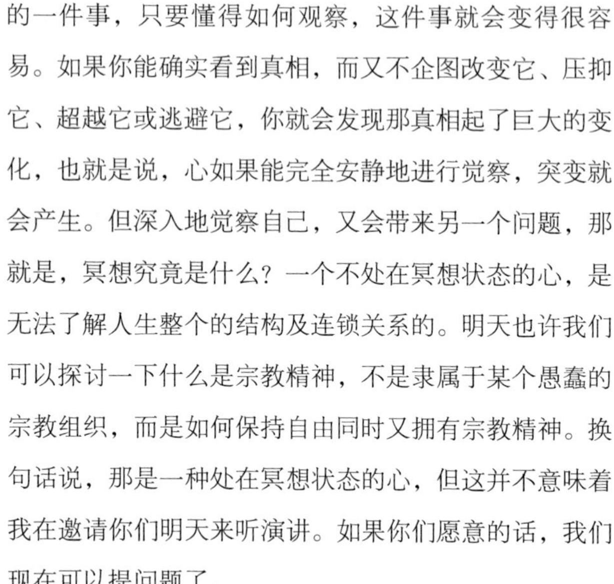

的一件事，只要懂得如何观察，这件事就会变得很容易。如果你能确实看到真相，而又不企图改变它、压抑它、超越它或逃避它，你就会发现那真相起了巨大的变化，也就是说，心如果能完全安静地进行觉察，突变就会产生。但深入地觉察自己，又会带来另一个问题，那就是，冥想究竟是什么？一个不处在冥想状态的心，是无法了解人生整个的结构及连锁关系的。明天也许我们可以探讨一下什么是宗教精神，不是隶属于某个愚蠢的宗教组织，而是如何保持自由同时又拥有宗教精神。换句话说，那是一种处在冥想状态的心，但这并不意味着我在邀请你们明天来听演讲。如果你们愿意的话，我们现在可以提问题了。

问：为什么每个人都有“我”这个结构，它的缘起是什么？

克：发问者问的是，为什么会有一个独立出来的“我”，为什么会有这么一个奇怪的存有认为自己是有别于其他存有的？为什么会有一个带着这么多问题的“我”，以及带着这么多问题的“你”，其实这个“你”就是“我”，不是吗？这个“你”和“我”是没有差别的，因为你的问题和我的问题是一样的，只是你用的词汇有所不同，表达的方式有所不同罢了。我诞生于印度，在国外受教育，而你诞生于此地，在此地受教育，你有你的问题，我有我的问题，你和我又有什么差别呢？不过当然，我们的物质条件是不一样的，也许你的银行存款比较多，你的房子比较大，而且你有辆很好的汽车。也许你拥有的财物比别人多，但除了你受的教育比较高，有更多机会表现自己或拥有一份比较好的工作之外，我们在根本上真的有差异吗？如果在根本上没有差异，那为什么要强调“你与我”、“他与我们”、“我们与他们”、“白人与黑人”、“黄皮肤与棕皮肤”的差别？为什么？因为差别会带来极大的快感及虚荣心的满足：我是原创的、独特的、非凡的，而你也说同样的话，只是比较低调罢了。强调自己是绝对独特的，会带来一种虚荣及快感。

但我们是不是真的那么独特呢？你有痛苦，别人也有痛苦：你的困惑和别人的困惑并没有什么不同，你跟别人一样地不确定、焦虑、富于攻击性、残忍、多疑以及有罪恶感。因此当我们从“我与你”、“我们与他们”的界分之中解脱出来时，还有什么分别吗？那观者即是被观之物，它不就是你吗？同体大悲就蕴藏在这种无分别的状态里面。只有当我在自己的周围筑起一道墙，而你也在自己的四周筑起一道墙，才会引发抗拒及诸多的不幸。社会结构同样也会助长“我”与“你”的分别。难道我们不能摆脱我们的思想和我们社会之中的分别意识吗？这些东西不就是由我们的虚荣心所引发的吗？如果你已经深入到这种程度，也许就会发现“爱”是什么了。

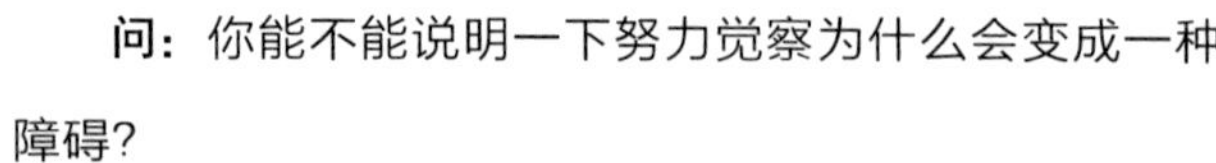

问：你能不能说明一下努力觉察为什么会变成一种障碍？

克：“努力”到底是什么？我们为什么要费力地去做一些事？我们知道传统的主张是你必须努力，否则就会变成一个无用的人，一个天晓得是什么的人。因此我们不惜一切地付出努力，而这便是传统的制约，已经被大家接受的一个标准。但是先生，努力到底是什么，我们为什么要付出努力？这是非常重要的问题。若是没有任何矛盾，还需不需要付出努力呢？请仔细地听我说。假设“我”就是“你”——这其实需要极深刻的感受与了解才能体认得到，因此你不能说“我”就是“你”。这么一来就没有什么意义了——如果这两者能结为一体而没有任何矛盾，那么还需要努力吗？这时努力就不存在了。只有当心理上有对立性时才需要努力。“真相”与“应该怎么样”之间的矛盾性，譬如当暴力试图变成无暴力时，其中就埋藏着矛盾性，所以才必须费力地变成另一种东西。因此基本上，努力就暗示着矛盾：我是这样的，但我很想变成那样；我是一个失败者，不过老天在上，我将会变成一个成功的人；我很愤怒，可是我将变成一个没有愤怒的人；等等。这一连串的相对性势必会带来冲突。

然而就心理上而言。相反的状态真的存在吗？还是存在的只有当下的“真相”？就因为心不知道该怎么面对真相，才会发明出“应该怎么样”的相反状态，如果它知道该如何面对当下的真相。就不会有冲突了。如果心不再拿它自己与那些英雄、完美的人或神圣的人相比，就会安住在自己的真相之上，如此一来就能从比较与对立性之中解脱出来，然后当下的真相就会变成截然不同的东西。这里面完全不涉及任何努力，因此努力意味着一种扭曲，而且努力就是意志力的一部分，意志力通常只会带来扭曲。但是对我们而言，努力就是我们的面包和牛油，我们是靠它们长大的，譬如你考试的分数必须超过某个男孩等等的想法。在这样的教育之中一定埋藏着不幸与伤害。因此认清当下的真相，毫无拣择地觉察它，就能使心从二元对立的矛盾中解脱出来。

问：你昨天说过，如果我们能去除家庭周围的小圈圈，不凡的事就会发生。我很想了解这句话是什么意思。

克：首先我们能不能觉察——不是字面上的理解——我们的周围有一堵墙，每个人的周围都有一堵墙，一堵由抗拒、焦虑与恐惧砌成的墙，这个所谓的“我”建构出了这堵墙，这个“我”就是家庭，里面的每个人都被他们自己的墙包围着。然后这整个家族的周围也有一堵墙。同样地，社区与社会的周围也有一堵墙，可是我们有没有觉察到这一点呢？我们是否觉得活在世上必须有围墙来保护我们，否则我与我的家族就可能被毁掉，因此我们往往把这堵墙视为最神圣的东西。但如果我们觉察到了它，会发生什么事呢？如果我们把环绕在自己及家族周围的这些墙拆掉，我们的家会

不会瓦解？那时我、家族及世界其他部分的竞争性会产生什么改变？我们很清楚周围有墙的时候会发生什么事——我们一定会有抗拒、冲突、永不止息的争战及痛苦，因为任何一种自我中心或界分的活动，一定会引发冲突及痛苦。若是能察觉这些小圈圈的本质及结构，并且了解它是怎么产生的——这意味着立即明白整件事的真相——然后会发生什么事呢？一旦去除“我”与“你”、“我们”与“他们”的界分，会发生什么事？那时也许我们就能使用“爱”这个字眼了。我与我周遭的圈圈及围墙消失时，爱——这个不凡的东西就会出现。

问：当我试着去觉察自己时，为什么会发现我是从外面在看自己？

克：你有没有观察过云？如果观察过的话，你会发现你和云之间不但有肉体的界分，一种时间和距离感，而且内心也有一种界分感。也就是说，你的心里装满着其他的东西，你并没有真的在注意那朵云，你知道我们时常会有“好美”、“好可爱”等等的念头，这些念头都会阻碍你真的去看那朵云，对不对？因此，你能不能不带着念头去看云，也就是不对云抱持任何印象？其实如此看云是比较容易做到的事，可是你能不能不带着任何念头去看自己？这意味着去除所有的批判、论断及谴责，只是单纯地观察自己。如果你的心能够从谴责及论断之中解脱出来，那么你和被观之物的距离就消失了，这样你就不会从墙里往外看了。一旦变成了被观之物，又会面临一种困境：以前你把它看成是一个有别于自己的东西，现在你却不带着任何界分感地在觉察它。但只要你的心中还有任何活动，这个活动就必定是从外面产生的。如果你能不带着任何念头去看它，也就是完全处在空寂之中，那么从空寂之中看到的东西，自然有别于从墙里面看到的东西。

问：（没有记录下来）

克：一个必须工作十小时的穷人很显然是受制的，虽然他也许会有一点改变，但是他的内心不会产生真正的革命，因为他已经被他的社会踩扁了，那么，这个人该怎么办？这是不是你的问题，先生？

问：我应该对这个人做些什么？

克：你问的是你跟这个人有什么关系。我可不可以换一种说法：你和我之间究竟有什么关系？我讲了很多话，我大半生都在演讲，明天过后我就会离开了。但我们究竟有什么关系？我们到底有没有关系？你对讲者很显然会抱持某种印象，譬如他说过或没说过的话，你赞同或不赞同，等等。我们之间真的有任何关系吗？一个活泼的、警醒的、内在有火在燃烧的人，与一个会说出“看在老天的份上，请不要打扰我，我已经深陷于社会的桎梏中，而且已经无法改变”的人，会产生任何关系吗？前者对后者的关系可能是慈悲的或充满情义的，但不是以施恩之人自居。如果你是警醒的，而且觉察到内在与外在正在发生的事，你就会改变自己。社会上永远

只有一小部分具有智慧的人能够改变世俗的结构，这样另一个人也许就有机会改变了。

问：你所说的这种内在的心理革命从未在我或我的朋友身上发生过。依我看来，历史上也没有多少人有过这种经验。即使我试图去观察眼前的真相，并且确实看见了真相，改变仍然没有发生。但你似乎很希望这件事能够发生，你的这份希望好像跟真相有矛盾。

克：我希望我不是在为任何人提供希望。（笑声）那会是最恐怖的一件事。如果你是在寻找希望——从我这里或从别人那里——那么你就是在逃避心中的绝望，这个眼下的事实。请仔细听我说，你能不能看着心中的绝望——其实希望只是一种假设——真的去观察恐惧与绝望？你能不能看着它而不带着希望或谴责？你能不能直接与它产生联结？这意味着心中没有任何念头、恐惧或曲解。你能不能做到这一点？如果你能毫不曲解地看着眼前的真相，你就会发现整个事情发生了巨大的改变，它已经不再是绝望了，它会变成一种截然不同的东西。但不幸的是，大部分人都受到了制约，我们永远都在追求一份理想，也就是一种逃避。若是能把所有的逃避及希望抛掉——不是变得愤世嫉俗或怨气冲天，而是真的看见眼前的恐惧与绝望，那么你就拥有了观察的自由。心一旦有了自由，还会绝望吗？

问：性永远是一种逃避吗？

克：我不知道（笑声）。对你而言是这样的吗？如果性是你日常生活中唯一感到自由的事，它就会变成一种逃避，它会变成你用来逃避不幸、挣扎及矛盾的一个出口。如果你借由它而逃避，这份逃避就会引发恐惧，但如果你觉察到性是一种逃避，那么所有的事都会产生变化。

四、关于冥想

素朴之心

这是我们最后一次的演讲。你们是否仍然有意愿探讨我们先前提议的冥想这个主题。

听众：愿意。

克：在我们探讨这个主题之前我认为我们应该思索一下“热情”与“美”的议题。“热情”这个词源自于“受苦”，但我们在用这个词的时候，指的并不是悲伤或渴欲。缺少了热情，人就没什么动力了，而深入地探索冥想这个复杂的主题是需要热情的。从某个层面来看——我们应该赋予它不同的意义——当“我与你”、“我们”与“它们”的界分被彻底抛弃时，热情就会出现，其中就有一种素朴的精神，我们指的并不是僧侣或和尚借由控制或压抑而发展出的严苛苦行。我们指的这种热情乃是从不严苛的素朴精神中产生的。素朴之心就是一种美好的心，但美又是另一个复杂的问题了。在我们的人生中美是极为罕见的一种东西。我们住

在一幢美丽的建筑物里面，周围有可爱的树林以及许多令人惊叹的老树，此外还有蓝天与美丽的夕阳，但美并不是一种经验。美也不在人所创造的东西里面。若想觉知那份深奥的美，你的心必须安静下来，而且还得有空间，我希望这些话听起来还不至于太荒诞，也许再继续探索下去，你们就会了解了。

世人对冥想的认识

我们心里的空间实在太小了。我们的心是那么的受限、狭隘与肤浅，它只关注自己，而且一直忙于各种形式的活动——社会的、个人理想主义等等的活动。除了观者与被观之物的隔阂，以及由抗拒构筑成的“我”的隔阂之外，还有另一种空间是不受制于自我或这堵抗拒之墙的。若想了解冥想是什么，你就必须对这种空间、美及热情有所了解。如果你们愿意的话，我们将深入地探索一下。

西方世界有自己的用语，譬如“默祷”，但我认为这个词跟东方所谓的“冥想”是不一样的。首先我们要排除一般人对冥想的解释——借由冥想你可以得到某种伟大的成果或经验，等一下我们会检视这个概念的真伪，冥想这个词的意思就是去沉思、慎虑、考量、深入地检视，去感觉某个我们不太了解的东西，深入地去体察内心未经探索的念头、感受以及其中的奥秘。冥想的深处具有一种独特的美，而且是人生中最不平凡的一件事，如果我们能体认它的话。这样的冥想能够转化所有的经验，它并不是一种浪漫的、神秘的或感情用事的状态，反之，你必须以诚直的行为、美德及秩序作为基础，同时还必须理解所有与经验有关的事宜。因此我们不但得透过字面去了解它，同时还必须去感受那无法借由言语来表达的境界，但它并不是由思想诱发的一种神秘境界，而是一旦奠定了诚直的行为基础之后，它自然而然会出现。缺少了这个基础，冥想就会变成一种逃避，一种幻想，或是能带来快感经验的手段。因此我们现在就要来探讨有关冥想的议题，而且我们必须这么去做，因为它跟爱、死亡及生活一样重要——也许更重要一些——因为借由冥想我们就能了解真相是什么。

冥想的形式

首先我觉得我们应该厘清东方世界及美国对冥想的认识之中有哪些是正确的，哪些是不正确的。在东方世界里，人们一向认为冥想就是去控制念头，利用某种方法或修炼体系来控制念头。在印度或佛教世界里，也有许许多多的修炼体系，包括禅在内，而透过这些体系和方法你可以进入一种空寂状态，一种揭露实相的空寂状态。大体来讲，这便是一般人所了解的冥想形式。

有许多的上师、瑜伽士或精神导师发明出了一些修炼体系，这类冥想的方式不外乎是沉思一些话语的意义，观想某些意象或引用看似意旨深远的经句。此外还

有所谓的咒语瑜伽，也就是不断地诵念某些由上师教给弟子的秘咒。你可能一天要重复诵念三四次，甚至成百上千遍，据说这样就可以让心安静下来，转入截然不同的境界里。很显然重复诵念某些字句，可能是梵文、拉丁文、英文，甚至是希腊文或中文——都会制造出某种静心的效果，但也会使迟钝的心变得更迟钝。（听众的笑声）不，先生，请不要笑，这是很严肃的一件事，因为在东方世界里，这样的修炼是很普遍的。人们都认为妄念纷飞的心可以借由持咒而安静下来，这么一来文字就变得非常重要了，尤其是梵文，因为这是一种不平凡的语言，具有特殊的腔调和品质，大家都希望借此而达到某种境界。其实你如果重复诵念“可口可乐”或“百事可乐”，随便你喜欢念什么都可以，都可能会有不凡的感受。（笑声）

因此你会发现这种持咒的方式不但被东方人采用，而且在天主教的教会及修道院里也采用同样的方式，而这会使心智变得肤浅、空洞与迟钝。这绝不可能使心智变得灵敏，富有洞察力。而且一个持咒的人往往会看见他想看到的东西，因此我们可以把这种形式的冥想先排除掉——我们排除它不是因为某个人的主张，而是我们已经认清重复持咒只会使心变得不灵敏和迟钝。请了解讲者并不是要说服你们接受任何一种体系或方法——他根本不相信这种东西，到目前为止你们应该已经发现冥想是没有效用的。

还有一些其他的体系创立了一系列的体位法，例如盘腿静坐或深呼吸，如此就能把心安静下来。有一则故事描述一位伟大的精神导师在花园里漫步，他的一名弟子在他身旁摆好了姿势静坐冥想，并期待这位大师的指点，于是这位大师在他身边坐了下来。他发现这位徒弟已经把眼睛合上，开始深呼吸。于是老师问道："你在做什么？"徒弟回答："我正试图进入最高层的意识。"接着这位老师拾起了两块鹅卵石，开始摩擦它们，这时处在最高层意识的徒弟突然把眼睛睁开来，看到大师正在做的事，于是问道："大师你在做什么？"老师回答说："我正在摩擦这两块石头，好让它们变成一面镜子。"徒弟不禁大笑着说道："你即使磨上一万年也不可能让石头变成镜子的。"这时老师反驳道："你就是坐上一万年，也不可能达成你想要的那种境界！"

因此，这些呼吸和静坐的方式早就存在了。很显然，静坐与平躺更容易让血液流入头部，如果身体过度弯曲则容易限制血流——这便是静坐的整个基本概念，规律的呼吸能够使血液里的含氧量增加，因此可以让身体安静下来，而我们可以评估它有多么重要或多不重要。这其中的含意是，如果你按照老师传下来的方式进行练习，你的理解或安静的程度就会与日俱增，然后你就会更接近天堂，或是更接近地球上最伟大的事物。因此上师似乎应该比弟子更解脱或懂得更多。梵文里的"上师"这个词，指的是一个可以找出正确方向

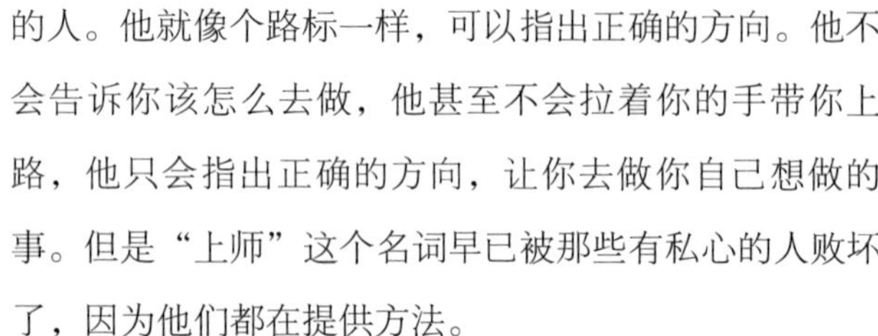

的人。他就像个路标一样，可以指出正确的方向。他不会告诉你该怎么去做，他甚至不会拉着你的手带你上路，他只会指出正确的方向，让你去做你自己想做的事。但是“上师”这个名词早已被那些有私心的人败坏了，因为他们都在提供方法。

方法暗示着一种锻炼

然而方法或修炼体系究竟是什么，请仔细地听下去，因为只有排除了错误的东西，我们才能发现真相，而这就是我们正在做的事。如果不彻底否定那些显然是错误的东西，如何能达成任何形式的理解呢？你们之中已经练习过某种修行方法或冥想的人，可以为自己去探索一下这件事。如果你日复一日地修炼，像那些天主教的神父一样在早上两三点钟起床，或者在一天的某个时段里静坐，按照某个系统或方法来塑造你的思想，你可以问一问自己究竟达成了什么。其实你只是在追求一种承诺奖赏的方法罢了，而日复一日的修炼很显然只会让你的心变得机械化，里面完全没有任何自由。方法指的是由某个人传授下来的一种方式，而这个人似乎应该很清楚自己所做的事。请允许我这么说——假如你没有足够的智慧看透里面的东西，你很可能会陷入一种机械化的活动中。这种日复一日的修炼方式会让你的生活变成一种例行公事，也许逐渐地——可能得花上五年、十年或更多的时间——你才会了解实相、真理或开悟是什么。但是很显然没有任何方法可以让你达到这种境界，因为方法永远暗示着一种锻炼。一个不断在锻炼的心只会变得机械化，并且会失去它的灵敏度及清晰的品质，因此我们可以再度发现修炼体系所提供的方法有多么错谬了。

此外还有一些玄学体系或禅的修行系统，是只许透露给少数人去修炼的。讲者曾经结识过一些这类人，但是从一开始就认为这些方法都没有什么意义。

因此透过审慎的解释与理性思考，我们应该摒除掉所有的上师及重复诵念的法门——他们代表的是一种权威性，好像只有他们知道而别人什么都不知道似的。那个声称自己已经知道的人，其实什么也不知道。你不可能知道什么是实相，因为它是一个活生生的东西，而所有的方法、途径都把实相弄成了一种固定和永恒不变的东西。其实这些法门是为了你的方便而流传下来的。因此你如果能彻底摒弃权威——不是一部分而是彻底摒弃，包括讲者在内，那么你就会自然地排除了所有的修炼体系及咒语。

摒弃这一切之后，或许你就能发现什么是冥想之心了。如同我们指出的，首先我们必须以诚直的行为做基础，而不是只追求某种富有正当性的理念。日复一日地修炼会变成一种受人尊崇的行为，于是就远远背离了诚直的心性。任何一种被社会尊崇的德行都是不道德的、不诚直的。你们能接受这样的观点吗？

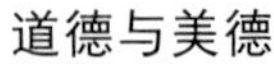

道德与美德

先生们，你们了解道德或美德是什么意思吗？也许你们不喜欢这些字眼，但道德真正的意思就是不再想变成一个被社会尊崇的人——合乎社会道德规范而被尊崇的人。你可能野心勃勃、贪婪、充满着羡慕、嫉妒、暴力、竞争性、破坏性。甚至被劝导去杀人，这一切都被社会视为是合乎道德的事，因此也是值得尊崇的事。但我们现在所谈的乃是一种截然不同的道德与美德，它们与社会道德是完全不相干的。美德就是一种秩序，但不是依照某种蓝图——由教会、社会或你自己的理想准则设计出来的蓝图——发展出来的。美德意味着秩序，秩序则意味着对失序的一种了解，以及让心从失序之中解脱出来——失序指的是抗拒、贪婪、羡慕、残忍与恐惧——然后从其中就会产生一种不是由思想培养出来的美德。譬如谦卑就不是思想能够培养出来的，一颗虚荣的心也许能努力培养出谦卑的品行，但因为其目的只是为了掩盖自己的虚荣，因此并不是真正的谦卑。同样的道理，美德也不是一种修炼的成果，因为它并不仰仗环境的影响力，它是一种活生生的、富有生命力的东西，它也是一种诚直的、真实的以及极为诚恳的行为。我们大部分人都不够诚实。那些拥有理想、追求理想的人，基本上就是不诚实的，因为他们与他们假装出来的模样是不一致的。

因此我们必须打好这样的基础，从正确的基础产生的态度远比知道什么是冥想要重要多了。的确，奠定好基本的态度就是一种冥想。如果在奠定基础的过程中，心里有任何压抑或控制，诚直的心就不见了，因为其中都有费力的成分，而费力就像我们昨天说的，只有在心中产生矛盾时才会出现。

因此，心有没有可能认清世上所谓的道德并不是真正的道德。如果对这一切有了了解，并且认清其中的羡慕与贪得无厌之后，心能不能毫不费力地从其中解脱出来？我有没有把话说清楚？也就是说，认清了羡慕的全貌，不是其中的某种形式而是它的整个内涵，确实认清了而不只是一种概念上的认知，然后这份认识的本身就会让心从羡慕之中解脱出来，处在解脱的状态里是没有任何冲突的。诚直之心绝不是一种冲突的结果，也不是经由锻炼产生的。它是透过认识（了解真相）而产生的，因为认识的本身就能带来属于自己的纪律，而这样的纪律就是一种非凡的素朴精神。如果你已经打好了这样的基础，我们就可以往下探索，但如果你不能领会美德这个词的最深涵义，那么冥想就会变成一种逃避，一种不诚实的活动。即使是一颗愚钝的心，也能借由药物和反复诵念而安静下来，但若想拥有诚直的心，就必须具备极高的灵敏度及素朴精神——不是身上涂满了灰或只缠着一条腰带的苦行，因为这都只是一种矫饰和表演罢了。这样的素朴精神具有极深的美，就像上乘的钢铁一般。

意识心

很显然地，了解我们自己就是冥想的开端。了解自己是十分复杂的一件事，其中有意识心和无意识的层面——所谓的深层或深埋的心智活动。我不知道人们为什么会把无意识看得那么重要。它是过去历史的宝藏——如果这些东西可以被称为宝藏的话，其中包括种族传承、传统、记忆与动机、隐藏的需求、欲望、追求以及种种的冲动。意识心显然无法借由分析来探索那些深埋的、隐匿的心智层面，因为这要花太多年的时间才能实现。此外，意识心必须是格外警觉的、无条件的、敏锐而又没有任何偏见的，如此才有能力检视无意识里的活动，因此它才会变成一个严重的问题。据说我们可以借由梦境和暗示来揭露无意识层面，而且你必须做梦，否则可能会发狂，但你有没有问过人为什么要做梦。虽然我们都算是现代而洗练的人，但我们往往不假思索地接受了传统的一切。我们从不说“不”，从不怀疑、从不质疑，某个权威或专家一旦告诉我们事情是这样的或那样的，我们立刻就会赞同，然后说“是的，先生，你比我们懂得更多”。因此我们必须质疑整个有关无意识的理论和对梦境的解析。

为什么你需要做梦？显然是因为白天你的意识心已经被工作、争执、家务事和各种娱乐活动填满了，它永远不停地跟自己对谈着——你对这样的头脑活动应该很清楚了。因此在夜里，当头脑安静下来而整个身体也比较祥和时，意识深层的东西就会投射它们的内容到头脑里，它希望你能了解里面的暗示和提醒是什么。你有没有尝试在白天保持警觉而不去修正什么，觉察而不去拣择什么？你只是看着自己的念头、动机、说出的话语、坐姿、遣词造句及种种的姿势？你有没有尝试过这件事？如果在白天里你能够保持警觉而不试图修正什么，也不对自己说“妄念真是可怕的东西，我不能有妄念”，那么你就会发现，只要白天能揭露自己的动机、需求与冲动，晚上睡觉时你的心和大脑就会比较安静，同时你也会发现，如果非常深入地觉察自己，就不会做梦了。其结果是早上一醒来头脑自然会变得活泼、清新与无邪。我不知道你们是否真的会去做这些事，还是只听听就算了。

控制心念

另外还有一个问题。我们的心永远在算计、比较、追求、受到驱迫，永无止境地和自己对谈或者闲扯着别人的事——你很清楚它每天或整天都在干些什么。这样的心根本无法认清什么是真的，什么是假的。只有当心安静下来的时候，才可能明辨真假，如果你真的想聆听讲者的话语——如果你真的感兴趣的话——你的心自然会保持安静，它会停止喋喋不休或想

别的事情。如果你很想看清楚某件事——如果你很想了解你的妻子或丈夫，或者想看见云彩的美和璀璨——那么你的心就会安静下来，否则你根本无法看见什么。因此这个不断在活动、跟自己对谈、追求和恐惧的心能不能安静下来？不是借由压抑或控制而是自然地安静下来。

专业的冥想老师会告诉我们如何控制心念，然而控制意味着有一个控制者，还有一个被控制的东西。当你观察你的念头时，你的念头一定会跑掉，于是你必须把它抓回来，然后它又会飘走，你又得把它抓回来，因此这个游戏会一直持续下去。十几年后你终于能完全控制自己的心念，而它终于安静了下来，这时你的老师就会告诉你说你已经取得了不可思议的成就。然而事实刚好相反，你其实什么也没达成，因为控制暗示着抗拒。请仔细地听我说，专注禅定就是一种抗拒的形式，一种将念头局限于一点的窄化活动。心一旦被训练成只专注于某个东西上面，就会失去它的敏感度及弹性，进而变得无法领略生命的整个领域。

但心有没有可能既拥有专注力又无须排除什么？不是出于控制目的而臣服、压抑或镇压什么？专注是非常容易的事，每一个学童都做得到——虽然他很厌恶这件事，但还是被老师强迫学会专心。当你真的专心时，你一定会抗拒；如果你日复一日地训练它专注在某个东西上面，它一定会失去它的宽度、深度、敏锐度及空间感。因此问题就在于：心智能不能既拥有专注的品质——其实专注并不是正确的用语——这份对某个特定事物的觉知，而又不失去全观的能力？所谓的全观指的就是付出所有的注意力，其中没有任何恐惧、痛苦、获利的动机或对享乐的追求——因为你已经了解了追求享乐暗示着什么。因此当心付出所有的注意力时亦即你的心、你的神经系统、你的眼睛、你的整个存在——那么这份完整的注意力一定包含着其中的那些微小的项目。当你在洗碗碟的时候，也可以不带任何抗拒地进行全观，这跟一般的窄化专注是不一样的。

空寂与死寂

既然已经认清我们必须毫不扭曲、毫不费力、自然而然地打下冥想的基础，并且要排除所有的权威，那么接下来我们就可以研究心为什么不断地想追求各种经验。大部分人都活在意义不大而又乏味的例行公事里，因此我们会借由各种不同的刺激，包括药物在内，不断地去追求更广泛更深刻的经验。然而当我们发现自己在经验某个事物的时候，这份经验一定是已知的，否则你不可能认出它来。

因此，一个崇拜某救世主的基督徒若是服了迷幻药，或通过不同的尝试去追求某种伟大的经验时，势必会因为自己的局限而看到某种意象。因此他所看到的东西一定是自己的投射。即使这份经验看起来超凡入

圣，充满着深度、美及光，它仍然是从自己的背景中投射出来的意象罢了。因此，心若是把追求经验当成赋予生命意义及价值的一种手段，那么它就是在把内心的东西向外投射，而无求之心因为是自由的，所以具有截然不同的品质。

从一开始到目前为止的观察都是冥想的一部分，包括随时认清真相，认清上师、权威、修行体系的谬误，奠定行为的基础，其中没有费力的感觉，而且不是环境的产物。这一切都暗示着冥想的品质。如果你已经进展到这个地步，了解了活着到底是怎么一回事而不再有任何冲突，这时你就可以继续探索什么是空寂了。如果你的探索之中没有上述这一切努力，你的空寂就不会有多大的意义，因为若是不了解美、爱、死亡及美德的真相，心就会停留在肤浅的层次，这样的心制造出来的空寂一定是死寂的。但如果今晚你真的是在跟讲者一起进行探索，我很希望是如此，那么我们就可以继续问道："什么是空寂，空寂的品质是什么？"还得记住我们早先说过的，若想非常清晰地看见某个东西而又不带任何扭曲或费力的感觉，心就必须安静下来。如果我想看清楚你的脸、想听见你嗓音中的美，或者想认清你是怎么样的一个人，我的心都必须安静下来而不能喋喋不休。如果它不断地跑来跑去、喋喋不休，我就无法发现你的美或你的丑。因此这样的看之中必须有空寂的成分，如同白昼必须有黑夜一般；同时这种空寂既不是噪音的产物，也不是噪音的止息。当其他的品质具足时，这空寂的状态自然会出现。

先生们，你们知道吗？这空寂之中存在着一种空间，但这并不是观者与被观之物之间的空隙——譬如我跟这个麦克风之间的距离（没有这份距离，我就无法看见它了）。空寂之心拥有的这份空间既不是由观察者也不是由被观之物制造出来的。我不知道你们有没有观察过什么是空间，譬如这个麦克风的周围就有一种空间；“我”和“你”之间也有空间，每当我们说出“我们”和“他们”时，就会在我们之中制造出空间来；每当你说你是基督徒、天主教徒或清教徒时，也会根据你设定的自我而呈现出一种空间，而这种空间无法避免地一定会助长冲突，因为它是受限的，而且会制造出界分。但是当空寂真的出现时，界分就不见了，因此它具有截然不同的品质，而只有当这样的空间出现时，你才能体认到那不可思议之境——一种浩瀚无边、至高无上而又无法邀约的境界。一颗琐碎渺小的心无论再怎么努力锻炼，仍然是琐碎渺小的。大部分在追求实相的人，其实都是在邀约实相，然而实相是无法被邀约的，他们的心中没有足够的空间，也不够安静。因此冥想是没有开始也没有结束的，而且冥想之中埋藏着一种行动的技巧。

这一切都是冥想。如果你能做得到这一切，那扇门就会打开，但是你必须亲自去接近它。那个超越之境并

不是什么浪漫或情绪化的东西，也不是你能向往或可以逃避的东西。你必须带着智慧、敏感度以及毫不扭曲的心，才能亲近它。你亲近它的时候心中必须有极大的爱，否则冥想就失去了意义。

问：在你的演讲中你提过冥想并不是你想讨论的议题，但是你必须讨论它。还有没有其他的议题是你真的想探讨的?

克：先生，讨论那些过于明显的议题，包括方法、体系、咒语或上师等等，是我不感兴趣的事。真正重要的是不去追随任何人，而是去理解自己。如果你毫不费力，毫不压制自己，并且真正深入而无惧地探索自己，你就会发现那个不可思议的东西，甚至不需要读任何一本书。讲者本身从未读过任何一本有关哲学、心理学或经典之类的书籍。整个世界都埋藏在你的心底，如果你知道如何观看和认识的话，那扇门就在你的面前，而钥匙就在你手中。没有任何一个人可以给你钥匙或为你打开那扇门，除了你自己。

问：存在有没有任何理由?

克：你为什么需要一个存在的理由？（听众的笑声）就因为你存在于世上却不了解自己，所以才想发明出一个理由来。你知道吗？先生，如果你能看着一棵树、云朵或水上的光影，如果你知道什么是爱，就不需要任何存在的理由了。你只是存在着罢了。然后世上所有的博物馆以及所有的音乐会就不再那么重要了。如果你拥有观看的心及热情，你会看见眼前的美——美不在云端、树林或水中，它就在你的心底。

爱，让世界重获自由

——在加州大学圣克鲁斯分校的演讲

爱是享乐吗？爱是一种欲望吗？爱是思想的产物吗？爱能够被培养出来，而且是通过时间而达成吗？如果我不知道爱是什么，我能够巧遇它吗？……一旦拥有了爱，认识了爱，你就能自由而正确地行事，无论你做什么都会是正确的。

用爱解放人心

今晚我想谈一谈几件相互关联的事，因为人类所有的问题都是有关联的。我们不能只看其中的某一个问题并企图去解决它；每一个问题都包含了其他所有的问题，就看我们能不能深入而广泛地去了解它了。

首先我想问的是，我们所有的人，无论老少，未来会变成什么样子？我们会不会允许自己卷入社会的大漩涡中，变成这个充满着问题、困惑与矛盾，所谓有教养的社会的一部分，并且接受它那些受人尊崇的道德训诫，还是我们会让自己的人生变得截然不同？这是大部分人都会面临的问题。我们受教育但并不了解人生的全貌，只是扮演着整体存在中的某个特定的角色。

从童年起我们就受到了严重的制约，为的只是在社会里获得成就，变成一个彻底平庸的人，而那些比较具有敏感度的知识分子往往会反叛这个存在的模式。在他的反叛之中，可能会做出好几种事情来。他或者变成一个反社会、反政治的人，或者去嗑药或是寻求狭隘的宗教信仰，追随某个上师、老师或哲学家，变成一名激进的社会运动者，或者把自己奉献给佛教或印度教之类的异国宗教。如果他有能力，也许会变成一名社会学家、科学家、艺术家、作家或哲学家，并因此而把自己封闭在一个小圈圈里。

我们以为这样就能把问题解决，我们以为这样就已经了解了有关整体人生的问题。然后我们又根据自己特定的倾向、特质或专业知识向他人描述人生是什么。

一旦观察到人生错综复杂的种种面向，不只是政治和社会层面的议题，同时还包括心理层面的议题，你就不得不问自己是不是真的够认真，在整个事情中你到底扮演什么角色？在这个世界里你到底该做些什么，而不是逃到某种幻想中或寺庙里？

如何投入整体人生

全盘认清了整个人生模式之后，你到底该怎么办？到底该如何对待你的人生？不论我们在整个建制之中占有一席之地或正准备进入其中，这个问题永远存在着。因此对我而言，人不可避免地必须提出这个问题：人生的目的到底是什么？身为一个在心理上还算健全的人，一个并没有严重神经官能症而又活跃的正常人，要在这个世界上扮演什么样的角色？什么样的角色比较吸引我？如果吸引我的是人生的某个方面或局部，那么我就必须觉察到这份吸引力的危险性，因为我们可能又会回到原先那个会助长战争、矛盾与挣扎的界分之中。我能不能投入于整体人生而不只是其中的某个部分？投入于整体人生很显然并不意味你必须懂得科学、社会学、数学等等的知识，除非你是个天才，否则不可能懂得这么多。

因此你能不能在内心里活出一种截然不同的生活方式？这很显然意味着你对外在所有的事物都很感兴趣，但真正的基础或彻底的革命是在内心次元发生的。我们到底该做些什么，才能在内心里产生如此深刻的改变？其实我们每一个人都是过往的历史，这个世界和外在社会就是我们，因此真正的问题是：你跟我如何能投入于整体人生而不只是其中的某个部分？此外还有一些问题是攸关行为、美德与爱的——爱究竟是什么，死亡又是什么？不论老少我们都必须问自己这些问题，因为它们都是人生的一部分，我们存在的一部分。如果你们赞同的话，我们必须在今晚把这些问题探讨一番。我们将一起深入于这些议题，你们并不是站在外面抱着好奇心和轻松态度的观者或听者。不论喜不喜欢，我们全都跟我们要探讨的议题有关。我们到底该如何对待我们的人生？什么是正确的行为？什么是爱（如果真有这个东西的话）？什么是那不可思议的被称为死亡的东西，那个大部分人都不会去讨论的状态？全盘地看到这一切之后，我们必须先质疑存在的目的到底是什么。

可能性与不可能性

目前我们所过的生活其实意义并不大，我们通过一些考试，得到学位，找到一份工作，然后不断奋斗直到死亡为止。为这彻底失序的状态发明出一些意义来，同样也是很悲惨的事。然而认清了这一切，并深知我们的内心必须产生深切的革命才能带来截然不同的秩序、截然不同的社会，而同时又不能依赖任何人带给我们清明的心智或解脱，那我们还能做些什么？若想发现可能性是什么，首先得弄清楚什么是不可能的。到底什么是可能的什么是不可能的？似乎彻底的改变是不可能的，我指的是当下立即产生心理上的革命，或者明天你一觉醒来发现自己竟然变得截然不同了，看事情的方式、思想

和感觉是这么新颖、这么活泼、这么真诚，其中不再有任何阴影、冲突或虚伪。你说这是不可能的，因为你已经接受或习惯于渐进式的改变，而这可能得花上 50 年的时间才办得到。因此时间是必要的，包括外在的时间及心理上的时间感，这是一般人都接受的传统思维方式：若想带来心理上根本性的革命，就必须花费一些时间。然而讲者却认为在明天之前产生立即的改变是有可能办到的，不过你一定会说这是不可能的，对不对？因此对你来说这就是一件不可能的事，但认清什么是不可能的，你就会发现什么是可能的，而那份可能性一定跟以往不同，它是截然不同的另一回事。我们有没有真的在交流？

当我们说这是可能的、那是不可能的时候，我们所谓的“可能性”往往是可以度量的。当我们发现某件事是不可能达成的，我们就会看见其中的可能性，而这份可能性与以往的可能性是截然不同的。请仔细地听我说，不要把这些话拿来跟别人说过的话对比，只要反观你自己，就会发现不凡的事在你心中产生了。

我们现在拥有的可能性是非常小的，我们可能上月球，变成一个有钱人或教授之类的人，但这种可能性是无足轻重的。当你面对这样的议题时，也就是你必须在明天之前彻底改变，变成一个截然不同的人，那么你所面对的就是一件不可能达成的事了。一旦发现那是不可能达成的事，你就会从中找出什么是可能的，而它跟以往的可能性是截然不同的。这么一来你的心中就会出现一种截然不同的可能性，而这才是我们要探讨的那种可能性，不是那种无足轻重的可能性。因此我们探索了与不可能性相关的可能性，并且认清了整个存在的模式之后，能够做什么呢？其实那种不可能性指的就是不带着任何妒忌与怨恨的阴影，全然地去爱。

恐怕大部分人都是非常善妒，而且占有欲极强的。如果你爱某个人，譬如你的丈夫或女友，你会决定一辈子都抓住他们。至少你试图这么去做，而这就是所谓的“爱”——他或她是“我的”。而当“我的”转头去看别人时就会变得比较独立，那么我就会开始发火、妒忌或焦虑，这时所谓的爱之中的不幸便展开了。

爱、性与药物

然而不带着任何阴影地去爱到底是什么状态？无疑地，你会认为这是不可能办到的事，你会认为这简直不符合人性，如同超人一般，因此对你而言这是不可能的事。如果你认清这是不可能的事，你就会发现关系之中哪些事是可以办到的。我希望我表达得还算清楚。这便是第一个要探讨的观点。

第二点是，我们现在的人生充满着挣扎、痛苦、享乐、恐惧、焦虑、不确定性、绝望、战争、仇恨——你很清楚我们每天的生活是什么样子，譬如竞争性、破坏与失序。这些都是真正在发生的事，不是应该怎么样或

必须怎么样，我们关切的只是事实。因此认清了这一点之后，我们可能对自己说“这真是可怕极了，我必须逃开这一切！我要的是更宽、更厚、更深、更广的视野。我要变得更敏锐一些”。于是我们开始嗑药。

嗑药这件事的历史已经很久远了，印度人已经瞌了几千年的药了。在某个阶段它被称为苏摩，现在你们则称其为大麻或 pan，但它们还达不到 LSD 的精纯度，可能不久就会达到了。人们服大麻或 pan 是为了不要那么敏感，他们在这些东西所强化及制造出的幻象之中迷失了自我。其实这些东西本是劳动人民服用的（你们这里没有印度所谓的贱民阶层），他们嗑药是因为他们的生活太乏味了，没有足够的粮食，所以精力往往不够。他们仅有的两种东西就是性与药物。

真正具有灵性倾向的人，真正想发现真相或人生是什么的人——不是从书本、宗教界的娱乐人士或只能刺激心智活动的哲人那里去发现什么——绝不会与药物扯上任何关系，因为他很清楚这些东西只会扭曲心智，让它无法发现什么是实相。

西方世界里有许多人喜欢依赖药物。某些比较认真的人则把药物当成是一种实验，他们花好几年的时间进行观察。曾经有人来看过我，对我说：“我们有过类似书本上说过的那种终极实相的经验，但或许只是实相的影子罢了。”这些人跟讲者一样是很认真的人，而且他们很深入地探讨过这个议题。不过最后他们不得不承认那种经验是伪造出来的，它跟终极实相的美和浩瀚没有一点关系。除非心智能保持清明、健全及彻底健康，否则它根本无法处在属灵的冥想状态里，而这种状态正是发现超越思想及欲望之境的必要条件。任何一种心理上的依赖形式，任何一种逃避倾向，譬如借由酒精或药物企图让心变得更敏感一些，都只会让心变得更扭曲更迟钝。

一旦排除了这一切——如果你够认真的话——就必须独自面对内心里的一切了。然后你就不会再依赖任何人、事、药物、书籍或任何信仰了，只有这样，心才不会有恐惧，只有这样，你才能问人生的目的是什么。如果已经进展到这个地步，你会不会问这样的问题呢？其实人生的目的就是去生活——不是这种充满着混乱和困惑的所谓的生活——而是活在截然不同的方式里，活得彻底，全心全意地生活，每天都以这种方式去生活，才是人生最真实的意义——不是以夸大自我的方式去生活。而是没有任何恐惧，没有任何挣扎，没有任何悲惨或不幸地活在世上。

爱是什么

只有当你知道什么是不可能的，才会知道什么是可能的。因此你必须弄清楚自己能不能立即改变，改变自己的愤怒、嗔恨和妒忌，这样你就不会有任何妒忌或羡慕了。羡慕指的是拿自己和别人对比，但你真有可能如

此彻底地改变，从此以后不再有任何羡慕之心吗？只有去除了观者与被观之物的界分，让自己与这份羡慕之心合一时，才办得到：羡慕就不再是一个有别于你的东西。一旦彻底觉察到羡慕时，就不能再对它做任何事了。羡慕的状态一旦彻底呈现出来，其中就不再有任何冲突或界分，这时羡慕就不再是羡慕了，它已经变成了一个截然不同的东西。

然后我们才能问，爱是什么。爱是享乐吗？爱是一种欲望吗？爱是思想的产物吗？爱如同享乐与恐惧一样，是思想的产物吗？爱能够被培养出来，而且是透过时间而达成吗？如果我不知道爱是什么，我能够巧遇它吗？

爱显然不是多愁善感或感情用事，因此这些东西可以立即放到一边去，因为多愁善感及感情用事只是一种浪漫倾向，而爱绝不是一种浪漫倾向。享乐与恐惧都是一种思维活动，对大部分人而言，享乐乃是人生最重要的事，譬如性、快感以及对它的忆念。思想不断地在上面打转，并且想在明天再度得到那份快感——所谓的社会道德就是奠基于享乐之上的。如果享乐不是爱，那么爱是什么？请仔细地听我说，因为你必须回答这些问题。你不能等待讲者或别人告诉你答案是什么，这是我们每个人都必须回答的根本问题，不是去等待上师或哲学家来告诉我们爱是什么或不是什么。

爱绝不是妒忌或羡慕，不是吗？你们全都变得安静了！你能够一边爱，一边怀着贪婪、野心和竞争性吗？你能够一边爱，一边残杀动物或另一个人吗？一旦放下了那些非爱的东西——妒忌、羡慕、恨意、自我中心的活动、丑陋的竞争、日常生活里的残忍与暴力——你就知道什么是爱了。一旦放下所有这些东西，不是在头脑中而是真的全心全意地……我想说的是从心底深处放下了它们，因为这些显然都不是爱，那么你就会巧遇真正的爱。一旦拥有了爱，认识了爱，你就能自由而正确地行事，无论你做什么都会是正确的。

美德无法被锤炼出来

但若想达到那种境界，拥有爱所带来的那份美与慈悲，你就必须让昨日的一切死去。让昨日的一切死去意味着让心里所有的东西寂灭下来，让心里累积的野心及所有东西彻底消失。反正当死亡来临时这件事势必会发生；你势必得离开你的家庭、你的房子、你的财物、你的珍宝、你拥有的一切。你也势必将远离你从书本上撷取的那些知识，以及你想写而未写的一些著作，或者想画而未画出的作品。如果你能让这一切都熄灭下来，你的心就会变得彻底清新与无邪。我想你可能会说这是不可能的。

如果你说这是不可能的，就会开始发明一些理论。生命在死后一定会延续下去。按照基督徒的说法，这是一种重生，而整个亚洲也都相信轮回转世之

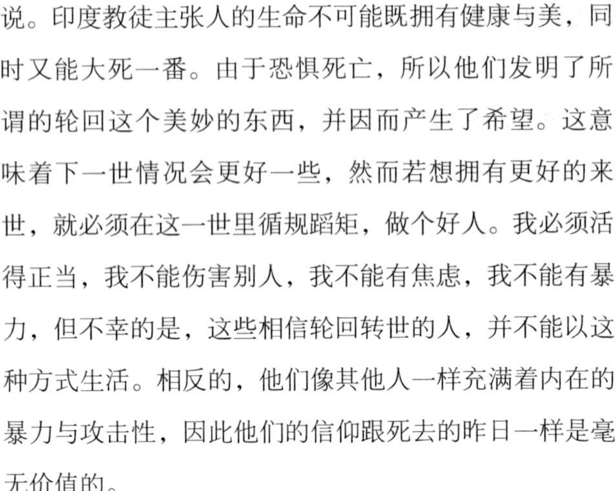

说。印度教徒主张人的生命不可能既拥有健康与美，同时又能大死一番。由于恐惧死亡，所以他们发明了所谓的轮回这个美妙的东西，并因而产生了希望。这意味着下一世情况会更好一些，然而若想拥有更好的来世，就必须在这一世里循规蹈矩，做个好人。我必须活得正当，我不能伤害别人，我不能有焦虑，我不能有暴力，但不幸的是，这些相信轮回转世的人，并不能以这种方式生活。相反的，他们像其他人一样充满着内在的暴力与攻击性，因此他们的信仰跟死去的昨日一样是毫无价值的。

重要的是你目前处在什么状态，不是你信什么或不信什么，或者你的经验是普通的，还是带有迷幻色彩的。真正重要的是，能够活出最高的美德来（我知道你们不喜欢这类的字眼）。像“美德”或“正当”之类的字眼已经被极度滥用，每一个传教士都在使用它们，每一个卫道士或理想主义者都在使用它们。然而美德跟练习活出美德是截然不同的东西，因为前者蕴藏着一种美。如果你企图锻炼它，就不再是一种美德了。美德与时间无关，因此它无法被锻炼出来，而行为也不是奠基在环境之上的，受环境影响的行为没有什么错，不过其中并没有美德。美德意味着爱，意味着没有恐惧，并且是活在存在的最高层次，也就是让内心里的一切熄灭下来，这样心智才能清明无邪。只有这样的心才能遇见那浩瀚无边的非凡之境，而它绝不是你、上师或哲学家能够发明出来的。

问：你能不能解释思想和洞见的差异？

克：你所谓的洞见是不是一种理解？很清晰地看见某个东西，没有任何困惑或挑拣？我想知道你所谓的洞见是什么。我这样说对不对，先生？

问：没错。

克：什么是思想，让我们深入探讨一下！当我问你“什么是思想”时，你的心中出现了什么？

问：思想。

克：先生，一步一步地来，不要急！你的心中出现了什么？如果我问你一个问题，譬如你住在哪里或者你的名字是什么，你的心中会立刻出现答案，为什么？

问：因为你处理的是一个属于过往的东西。

克：请不要把事情弄得太复杂，只要检视它就够了！我们现在正在将它复杂化，所以只要检视它就够了。（听众的笑声）我问你你的名字是什么、住址是哪里等等，答案会立刻冒出来，因为你对它们很熟悉，甚至想都不必想，因为从小就有人教你认识自己的名字是什么，所以想都不必想就冒了出来。下回如果我问你一个比较难的问题，而问题和你的答案之间出现了时间上的间隔，那么在这段间隔里发生了什么事？慢一点，不要立刻回答我，为自己去弄清楚其中发生了什么事。好，我现在要问你一个问题，从这里到月球、火星

或纽约的距离有多远？在这个问题与你的答案的时间空当里发生了什么事？

问：一种搜寻的活动。

克：你正在搜寻答案，对不对？向哪里搜寻呢？

问：我的记忆里。

克：你向你的记忆里搜寻答案，也就是说，有人告诉过你或者你曾经读过这方面的东西，因此你在自己的橱柜里寻找答案。（听众的笑声）然后你得到了一个答案。第一个问题很快有了解答，但是你对第二个问题不太确定，于是你多花一点时间去思考。在那个空当中你做了一些探测，然后逐渐找出了正确的答案。但如果有人问你一个更复杂的问题，譬如：上帝是什么……

问 1：上帝是爱。

问 2：上帝是万事万物。

问 3：我的记忆里没有这个答案。

克：听听看！“上帝是爱，上帝是万事万物。”

问：上帝是伟大的家具搬运工人。（听众的笑声）

克：等一等。现在请注意看着眼前发生了什么事！你们从不说我们并不知道正确的答案是什么，请注意听这段话，这是非常重要的部分。因为不知道，所以你们产生了信仰！你们看看发生了什么事！其实思想已经出卖了你们。首先出现了一个你们熟悉的问题，然后是一个比较难的问题，最后一个问题的答案则是：我已经受制于对上帝的信仰。但如果你是一名唯物论者，则可能会说："你到底在说什么？不要傻了，根本没有上帝，这是由牧师发明的属于小资产阶级的信仰！"（听众的笑声）现在我们谈论的是有关思想的议题，（首先我们必须弄清楚到底有没有上帝，否则我们就不是一个完整的人），若想弄清楚这件事，那么所有由人类的思想造成的局限，也就是从恐惧之中产生的局限，必须有个了结。接着我们又发现思想的真相：思想就是记忆，思想就是从记忆中产生的反应，也就是你所累积的知识、经验及历史背景，而每当你提出一个问题时，就会造成一种震动，然后从那份记忆中你再产生反应。这便是思想。请观察一下你自己的内心！思想很显然永远是老旧的，因为它是从过往的记忆中产生的反应，因此思想不可能是自由的。（停顿）显然你们并不赞同这一点？（笑声）。"思想自由"。请仔细地检视这一点，不要一笑置之！我们都崇拜思想，不是吗？思想是人生中最伟大的东西，知识分子都很尊崇它，但如果你仔细地检视思想的整个过程，不论它有多么合理，多么合乎逻辑，仍然是从记忆中产生的反应，而且永远都是老旧的，因此思想本身永远无法带来自由。请不要立刻接受讲者所说的每一件事。

因此思想只会带来困惑，而我们原先的问题是：思想和洞见之间有什么差异。我们都同意洞见就是一种理解，或者非常清晰地认清了某些事而没有困惑。当你很清楚地认清了某个东西时——我们现在谈的是心

理上发生的事——那么你的心中就没有拣择了。若是有困惑，就一定会有拣择，我们所谓的“有选择的自由”，其实意味着“有困惑的自由”。因为如果你没有困惑，如果你立刻把事情看得很清楚，还有做选择的必要吗？当你的心中没有拣择时，它就会变得很清晰。

因此思想终止时，心才可能清晰、富有洞察力及理解力，然后你才能非常清楚地看见一些事情。然后你才能说你真的了解了我们所谈的这一切，那时你就拥有了直观力，因为你的心已经不再困惑。困惑暗示着拣择，而拣择就是思维的产物。我到底该做这个还是做那个，“我”及“非我”、“你”及“非你”、“我们”及“他们”等等，这一切都蕴藏在思想里面。从其中会产生困惑，而我们又从困惑中产生了选择，我们选择我们的政治领袖、我们的上师及其他的事物，但是当心变得清明时，就会有直观力。若想让心变得清明，它必须彻底安静下来，静止下来，然后其中才会有真正的了解，而这份了解就是一种行动，反之则不然。

问：人们的神经官能症是怎么形成的?

克：我怎样才能知道他们有没有神经官能症呢？请听我说！这是一个非常严肃的问题。我如何能知道他们有神经官能症？我难道没有神经官能症吗？因为我能够认出他们的神经官能症啊。

问：是的。

克：不要那么快说“是的”。请仔细检视这个问题，试着聆听下去。“神经官能症”到底是什么意思？这个人有点奇怪。头脑有点混淆不清，有些失衡？很不幸的是，大部分人都有点失衡，不是吗？你们似乎不太能确定。（听众的笑声）如果你是一名基督教徒或印度教徒，你是不是有点失衡？你把自己封闭在问题里面，在周围筑起一道墙，因为你觉得你比另一个人要强得多，这是不是一种神经官能症？如果你的人生充满着抗拒，那么你是不是失衡的——“我”和“你”、“我们”和“他们”这类所有的界分？如果你在办公室里表现出指导别人的优越感，是不是有一点神经官能症倾向？因此人为什么会有神经官能症？是不是社会造成的？这是最简便的解答。我的父亲、我的母亲、我的邻居、政府、军队或每一个人都在造成我的神经官能症。他们全都得为我的失衡负责。而当我去寻求精神分析师的帮助时，这可怜的家伙，竟然跟我一样有神经官能症。（听众的笑声）请不要笑！这都是正在发生的事。然而我们为什么会有神经官能症倾向？因为目前的世界，不论是社会、家庭、父母或小孩，都没有爱。如果他们有爱，这个世界还会有战争吗？你认为还会有政府把人民被杀掉当成是一件没问题的事吗？

如果你的父母真的爱你，关心你、照顾你，并且教你以善意对待别人，教你如何生活以及如何去爱，那么上述的社会一定不会存在。这些外在的压力和要求造成了社会的神经官能症，同时我们内在的冲动、从历史承

袭而来的暴力，也助长了社会的神经官能症及失衡。因此这就是眼前的事实——我们大部分人都有一点失衡或是有更严重的问题，因此怪罪别人是没用的。其实我们在心理上、心智上或性上面都有一点不平衡，在每个方面我们都失去了平衡。一个患有神经官能症的心是不可能平衡的，但如果它的官能症还不至于太严重，就仍然能保持某种程度的平衡，并且有能力观察自己。这样我们就能觉察到自己的所作所为、说话的方式、在想些什么、如何进食、如何坐或行，只是看着而不去修正什么。如果能够无拣择地观察自己，从这份深刻的观察之中就会产生一个平衡而清醒的人，然后你的神经官能症倾向就会消失。平衡的心是有智慧的，而不是由批判或意见组合成的。

问：在何处思想会停止而空寂会出现呢？

克：你有没有注意过念与念之间的空当？还是你的念头永远没有空当，你了解这个问题吗？

问：不了解。

克：两个念头之间有没有空当？这个问题我有没有说清楚？

问：有。

克：或许这是你第一次听到这样的问题吧！先生，我想弄清楚空寂到底是什么。空寂是不是噪音的止息？是不是两场战役之间的和平？还是两个念头之间的空当？或者它跟这些东西都没有关系？如果空寂只是念头或噪音的止息，那么把噪音压抑下来是很容易的事。噪音指的是心中喋喋不休的念头，喋喋不休的念头止息下来就是空寂吗？还是，空寂指的是一颗不再困惑、不再有恐惧的心？因此空寂到底是从何处开始出现的？是不是当念头止息的时候它就出现了？你有没有试着止息过念头？

问：当心智突然改变速度时，就会安静下来。

克：没错，先生，但你有没有试过止息念头？

问：要如何做成这件事？

克：我不知道，但是你有没有尝试过呢？首先，那个企图停止念头的存有到底是什么东西？

问：思想者本身。

克：它不就是另一个念头吗，对不对？念头试图止息自己，于是就造成了思想者和思想之间的争战，请非常仔细地观察这种冲突！思想者说："我必须停止思想，因为这样我就能体悟不可思议的境界。"或者你基于其他的动机去压制念头。然而那个试图压制念头的存有仍然是念头的一部分，不是吗？某个念头企图压制另一个念头，于是出现了冲突及争战。我一旦认清了这个事实，彻底认清它以及了解它，对它产生了深入的洞见，然后心就安静了下来。如果心能安静地观察或注意，自然而然就会安静下来。

问：自我中心的活动如果止息下来，又有什么东西能促使我们产生行动呢?

克：首先要弄清楚，当自我中心的活动停止的时候会发生什么事，然后你就不会问这个问题了。然后你就会看到行动自身的美，那时就不需要任何动机了，因为动机就是一种自我中心的活动。当自我中心的活动消失时，行动就不再有任何动机，而且是真实、正当以及自由的。

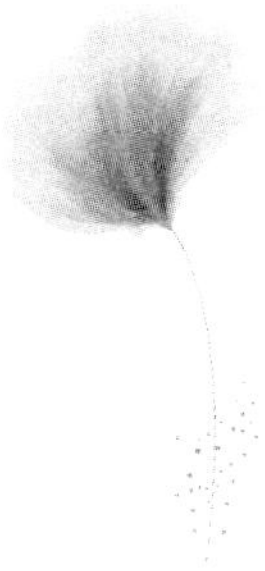

图书在版编目（CIP）数据

世界在你心中 /（印）吉杜 · 克里希那穆提（Jiddu Krishnamurti）著；胡因梦译 . — 上海：上海社会科学院出版社，2017

书名原文：You Are the World

ISBN 978-7-5520-2120-2

Ⅰ. ①世… Ⅱ . ①吉… ②胡… Ⅲ . ①人生哲学—通俗读物 Ⅳ . ① B821-49

中国版本图书馆 CIP 数据核字（2017）第 220859 号

有关 J. Krishnamurti 的更多信息，请访问：

www.jkrishnamurti.org

上海市版权局著作权合同登记号：图字 09-2017-714 号

世界在你心中

著　　者：［印度］克里希那穆提
译　　者：胡因梦
责任编辑：周　霈　杜颖颖
特约编辑：李少林
装帧设计：主语设计
出版发行：上海社会科学院出版社
上海市顺昌路 622 号　　邮编 200025
电话总机 021-63315947　销售热线 021-53063735
https: //cbs. sass.org.cn　　E-mail: sassp@sassp.cn
印　　刷：天津旭丰源印刷有限公司
开　　本：889 毫米 × 1194 毫米　1/32
印　　张：6.75
字　　数：120 千
版　　次：2017 年 12 月第 1 版　2025 年 4 月第 5 次印刷

ISBN　978-7-5520-2120-2/B · 230　　　定价：42.80 元